# CONGRÈS

## DES

# ASSOCIATIONS INTERNATIONALES

### ( BRUXELLES 1910 )

---

# RAPPORT N° 1

## L'ORGANISATION INTERNATIONALE

ET LES

### Associations Internationales

PAR

#### Paul OTLET

Secrétaire général de l'Institut International de Bibliographie

[06 (∞) + 327.3 (01)]

BRUXELLES

*Secrétariat du Congrès :*

**Office Central des Institutions Internationales,**

RUE DE LA RÉGENCE, 3ᵃ

(Musées Royaux)

# L'Organisation Internationale

## et les Associations Internationales

---



De l'ensemble des faits et documents recueillis par l'*Enquête sur les Associations internationales* et reproduits dans l'*Annuaire de la Vie internationale* et des renseignements qui y ont été consignés, se dégagent un certain nombre de faits généraux. Il a paru utile de les exposer sous une forme condensée et de les placer dans le cadre des idées auxquelles ils se rattachent naturellement.

Ce travail est une contribution aux études théoriques sur le mouvement international et l'organisation dans ce domaine. C'est aussi un essai de systématisation des méthodes et des procédés mis en œuvre par les Associations internationales pour obtenir les remarquables résultats auxquels ont abouti leurs efforts.

Dans une certaine mesure, la présente étude peut avoir pour les lecteurs de l'*Annuaire* l'utilité d'une table systématique des matières. A propos de chaque question examinée, sont citées en effet les associations dont les notices figurent dans l'*Annuaire*.

I

# Les Associations internationales.

## Leur rôle dans l'organisation internationale.

Les Associations internationales sont une des formes modernes de l'activité internationale (¹) et un des éléments les plus importants de l'organisation mondiale. Le dénombrement qui en a été fait par l'*Annuaire de la Vie internationale* a révélé qu'il en existe environ 150 : associations libres, associations officielles, grands congrès internationaux permanents. La plus ancienne de celles qui unissent les États remonte à 1864. (Association géodésique internationale.) Elles couvrent aujourd'hui presque tout le domaine de l'activité et de la pensée.

Les Associations internationales sont nées du grand fait de l'expansion de l'homme à travers toute la terre et des besoins d'entente, d'unification et de coopération qui s'en sont suivis. A travers toute l'histoire, de grands mouvements ont unifié la civilisation. Ainsi la Grèce avait conquis l'Asie Mineure ; Rome, en conquérant la Grèce, profite de cette première conquête et unifie sa civilisation et celle de la Grèce. Après que les Barbares

_______________

(¹) Le mot « international » n'a été créé qu'en 1780 par Bentham. Vers 1840, il a passé d'Angleterre en France. Ce n'est que dans l'édition de 1877 qu'il a paru dans le dictionnaire de l'Académie française.

ont pris possession du monde occidental, le christianisme et l'action de l'Église catholique unifient l'Europe au Moyen âge. L'époque moderne est caractérisée par la constitution des grands États centralisateurs. Puis les guerres de la Révolution et de l'Empire transportent dans l'Europe entière les principes de 1789. Au XIX° siècle, c'est la science, l'industrie et le commerce surtout qui sont les agents actifs de l'unification et, de nos jours, les organes régulateurs de ce mouvement sont les associations.

Par elles travaillent au développement de la vie internationale des groupes nombreux et puissants : les juristes représentés par les associations qui poursuivent des études de droit international et qui possèdent désormais un premier organe en la Cour d'arbitrage de La Haye; les politiques qui agissent ensemble dans la Conférence interparlementaire et individuellement dans leurs parlements respectifs; les publicistes qui répandent les idées par la voie de la presse et des écrits; les pacifistes qui cherchent à supprimer, ou tout au moins à limiter, la guerre, grand obstacle au développement de la coopération internationale; les diplomates dont les conférences font entrer de plus en plus d'intérêts dans la sphère de l'organisation officielle.

L'internationalisation n'est que le prolongement du vaste mouvement qui a créé antérieurement dans l'histoire la régionalisation et la nationalisation, cas particulier de la lutte naturelle permanente de ce qu'on peut appeler le « particularisme » et l' « universalisme ». Entre les patries nationales qui doivent survivre comme les provinces survivent dans un État, se constitue progressivement une vaste organisation destinée à embrasser tous les États, toutes les nationalités. Loin de chercher l'abolition de celles-ci, elle se fonde au contraire sur elles, cherchant à les harmoniser en une synthèse supérieure.

Les nations sont de grandes individualités collectives, des produits ethniques, linguistiques, politiques, historiques. Formées au cours des temps, selon les vicissitudes de la politique et de l'histoire, elles constituent des entités distinctes et différentes les unes des autres : races, langues, climats, productions naturelles, conditions économiques, institutions, coutumes, intérêts, varient d'États à États, de peuples à peuples. Les nations ont leur personnalité comme les individus. Cette personnalité n'est pas une pure abstraction, mais une réalité vivante et agissante aussi bien dans l'organisme des États, qui représentent les nations dans leur ensemble, que dans l'organisme des groupes particuliers de la nation qui ont chacun leur physionomie propre au regard des groupes spéciaux similaires des autres nations. Puisque chaque peuple, de même que chaque individu possède en propre une originalité et une mentalité nationale caractéristique, il importe de ne pas la détruire, mais de faire en sorte qu'elle s'intègre à la communauté dans un but d'harmonie. Et puisqu'aussi bien il n'est culture si profondément nationale qui puisse vivre et se développer si elle ne rejoint le mouvement universel des esprits, il importe que soit réalisée la synthèse humaine des diversités nationales et que soit dégagée de celles-ci ce qu'on a appelé l'esprit de « polycivilisation ».

De là la nécessité de formules conciliant les intérêts opposés, unissant les tendances intellectuelles et morales divergeantes et déterminant en chaque cas particulier des conceptions communes ou des buts collectifs en vue d'une action internationale d'ensemble. C'est à trouver de telles formules et à les mettre en action que s'emploient surtout les Associations internationales. Aujourd'hui leur œuvre est suffisamment avancée pour que se pose dans un avenir prochain, sinon immédiatement, la question de leur action concertée et celle de la part qu'il leur appartient de revendiquer dans la « constitution mondiale ».

Certes, les conventions internationales ne peuvent jamais créer que la structure juridique de la société internationale qui s'élabore sous nos yeux, et la doter d'organes officiels. De même qu'à l'intérieur de leurs frontières les États ne substituent pas entièrement leur action à celle de l'initiative privée et qu'ils ont besoin du concours des associations nationales créées dans des buts d'utilité publique, de même, dans le domaine international, une fonction similaire doit être réservée aux libres groupements. Ils font partie de l'ossature même de l'organisation mondiale (¹). Ne peuvent-elles prétendre à plus ?

L'organisation des communautés nationales trouve sa plus haute expression dans l'État.. La communauté internationale, elle aussi, ne peut se concevoir sans quelque organisme central, remplissant à l'égard des éléments les fonctions de coordination nécessaires à la vie de l'ensemble. Mais l'État national, tel que l'histoire et la tradition nous l'ont légué, est un État unitaire, centralisé, autoritaire. Ce n'est certes pas sous cette forme que paraît devoir s'achever l'organisation internationale en train de se faire sous nos yeux (²).

D'abord, l'État national lui-même est bien transformé depuis un siècle. Le régime parlementaire et le suffrage universel en demeurent sans doute les bases théoriques. Mais, dans la réalité effective, ce ne sont plus les seules. Les associations, les syndicats se sont multipliés, sont devenus puissants, se sont fédérés, puis confédérés. L'individu isolé devant l'État tout-puissant, tel que l'avait conçu la Révolution française, ne se retrouve plus nulle part. Sans qu'aient été reconstitués les anciens ordres et les anciennes corporations, les associations cependant sont devenues des puissances qui savent parfois tenir

---

(¹) Aussi est-ce avec raison que leurs dirigeants ont demandé aux Etats de majorer en faveur des associations internationales leur budget des affaires extérieures. Ces budgets sont, en réalité, les budgets de leurs relations pacifiques. Aujourd'hui, ils ne dépassent nulle part 10 % des budgets de la défense nationale et dans certains grands pays ils n'atteignent même pas 2 % de ces budgets.

(²) PAUL OTLET, *La loi d'ampliation et l'internationalisme.* (MOUVEMENT SOCIOLOGIQUE INTERNATIONAL, décembre 1907, p. 133 )

en échec l'État lui-même. Aussi, selon toute vraisemblance, l'organisation de la communauté internationale s'établira-t-elle selon un type nouveau. On ne peut guère concevoir que la souveraineté internationale sera exercée par une sorte de Conseil fédéral international, formé exclusivement de délégués plénipotentiaires des États, sorte de développement des deux dernières Conférences qui ont siégé à La Haye, et qui serait calqué lui-même sur le modèle des Confédérations d'États (Bundesrath) [1]. Elle ne peut davantage être conçue comme reposant en un Parlement international formé à l'élection directe du suffrage universel, ou à l'élection au second degré par les Parlements nationaux. L'une et l'autre de ces formes ont le défaut radical de considérer les États actuels comme les cellules fondamentales, les éléments unitaires de l'organisation internationales. Or, les États ne correspondent qu'au groupement des intérêts selon une base territoriale et, en grande partie, selon une base ethnique. Une autre base de représentation, celle dont l'importance s'accroît avec les progrès de la civilisation, est celle des spécialités professionnelles, économiques, scientifiques. C'est selon elle que se font de plus en plus les groupements à l'intérieur de chaque État, et tous les groupements similaires des différentes régions, des différents pays se recherchent entre eux avec une puissance irrésistible. La concurrence vitale, la lutte, les conflits ont lieu maintenant entre de tels groupements. Déjà maints théoriciens de l'organisation politique et des hommes d'État éclairés ont cherché à faire de tels groupements le fondement même du corps d'État, sous le nom de Représentation des intérêts. C'est vers une telle formule qu'évoluent toutes les forces organiques internationales.

La tâche de l'avenir est de réaliser, en une constitution

---

[1] DE LA GRASSERIE, *Du Fédéralisme. De l'Internationalisme.* HUMANITÉ NOUVELLE, 1906, p. 25. — G. DE GREEF, *L'ère de la mondialité.* Bruxelles, 1904.

mondiale, un juste équilibre de pouvoirs entre les spécialités professionnelles, économiques, scientifiques représentées par les Associations internationales et les généralités ethniques et territoriales représentées par les États (¹).

---

(¹) La question de la forme à donner à la constitution mondiale a été esquissée incidemment en maints Congrès. Elle a été beaucoup discutée à l'occasion de la Conférence de La Haye, mais en dehors d'elle. A signaler que les Congrès internationaux scientifiques des catholiques ont examiné la question de l'organisation nouvelle de la société internationale.

## II

# La structure des Associations internationales :

## leur objet, leurs différents types.

**Définition**. — Il est difficile de donner une définition complète de l'Association internationale. Dans l' « Enquête sur les Associations internationales » on a fait un premier essai (¹). Considérant l'Association internationale dans sa forme adulte, arrivée à maturité, et généralisée à notre époque, on lui a attribué les cinq caractères constitutifs suivants :

1° L'association doit être *internationale*. Les membres effectifs doivent appartenir à des nations différentes. On ne peut considérer comme internationales des associations dont les membres étrangers sont seulement d'appoint, sans égalité de droit avec les nationaux, comme en général les grandes académies. Parmi les associations qui ont pris le nom « internationales », il en est qui sont internationales dans leur objet et dans les tendances de ceux qui les ont fondées, mais dont les membres sont recrutés dans le même pays et attendent que ceux

---

(¹) Cette enquête a été poursuivie en collaboration par l'Office central des Institutions internationales et la revue le *Mouvement sociologique international*. La publication a pour titre : *Enquête sur les structures sociales. L'Association internationale*, Bruxelles (1, rue du Musée), 1907, 327 pages.

d'autres nations se joignent à eux. Il en est d'autres qui sont exclusivement nationales dans leur organisation et qui ont pour objet des relations internationales envisagées d'un point de vue national (Union économique internationale).

2° Les associations doivent être *ouvertes* aux éléments semblables des diverses nations qui ont désir d'y entrer, pourvu qu'ils se conforment aux conditions contractuelles des conventions ou des statuts. En ce sens l'Association internationale moderne est « humanitaire », libre, accessible à tous, du moins à ceux qui ont atteint le degré de culture exigé. Ne peuvent donc pas être rangées dans la catégorie des associations internationales, les alliances politiques comme la Triplice.

3° Les associations doivent avoir un *but général*, c'est-à-dire universel, « omninational », « mondial » ou susceptible de le devenir. Ne sont pas de véritables Associations internationales dans ce sens, celles qui ont un objet régional, comme les associations des riverains du Danube, du Pruth ou de la mer du Nord. Le but doit être tel que toutes les nations, de par leur nature, doivent s'y intéresser et y participer pour peu qu'elles aient le souci de leurs devoirs vis-à-vis d'elles-mêmes et de la solidarité internationale.

4° Ne pas avoir de *but lucratif* au sens usuel et juridique. Ainsi s'écartent les associations purement économiques.

5° Posséder une *institution permanente*, sorte de pouvoir exécutif qui vit et fonctionne avec continuité : office, bureau, conseil, union, comité, commission, institut, secrétariat, etc. Cette caractéristique écarte les réunions temporaires et même les conventions ou traités qui ne donnent pas lieu à institution unique ou centrale (les traités de commerce). Les congrès internationaux ayant une commission permanente et un ordre de succession réglé sont de véritables associations internationales. Aux congrès occasionnels, à ceux dont les sessions n'ont aucun lien les unes avec les autres, manque le caractère de permanence nécessaire pour en faire des associations au sens indiqué ici.

Ces cinq éléments forment une définition provisoire. Elle peut convenir aux associations qui remplissent dans le domaine international les mêmes fonctions que les grandes associations d'utilité publique dans le domaine national. Cependant on ne peut exclure de la catégorie des associations internationales celles d'entr'elles qui ne possèdent que quelques uns des éléments constitutifs énoncés ci-dessus.

**Origine**. — L'origine des Associations internationales est due à des circonstances très diverses. Tantôt, l'idée de créer une telle association pour le développement d'une idée nouvelle part d'un centre unique et gagne de proche en proche. Tantôt, au contraire, l'idée préexiste dans de nombreux centres secondaires qui entrent en relations pour constituer un centre principal, et l'on assiste à une sorte de poussée parallèle dans divers milieux semblables ou différents.

Des sociétés ou groupements nationaux ont souvent pris l'initiative de créer des associations internationales. L'Association internationale des académies, par exemple, a son origine dans le cartel qui existait entre quelques académies allemandes. Un congrès très spécial devient le point de départ d'un congrès général ; le congrès de chimie appliquée, par exemple, a son origine dans un congrès très spécial, celui des chimistes de la sucrerie. Une société, nationale d'abord, crée des branches et celles-ci constituent ensuite fédération (Fédération internationale de la Croix-Bleue). Une commission exécutive se transforme en une commission de permanence (Congrès international de géographie). Un comité international créé au sein d'un congrès se transforme ensuite en association définitive (Alliance internationale pour le suffrage des femmes). Une institution officielle nationale est élevée au rang d'institution internationale : le Bureau pour la publication des tarifs douaniers était primitivement un service dépendant du Ministère des Affaires Étrangères de Belgique. Des œuvres internationales sont nées très souvent de l'initiative de personnalités. Ainsi l'Institut international d'agriculture de Rome est dû à l'initiative du roi d'Italie, adoptant les vues exposées par l'Américain Lubin.

L'Association internationale des catholiques pour le progrès de la science a été fondée de la manière suivante : les trois cardinaux protecteurs ont choisi pour la première fois les délégués des différentes nations; ceux-ci ont constitué à Rome un *Comité promoteur provisoire*; prenant les mesures nécessaires à la constitution et à la marche de l'Association jusqu'à la première assemblée des associés.

L'influence d'autres associations internationales sur la création d'associations nouvelles s'est maintes fois fait sentir. C'est ainsi que l'Union des États pour la Cour d'arbitrage de La Haye a constitué un précédent pour les autres Cours judiciaires internationales que l'on a proposées : la Cour internationale des prises maritimes, par exemple. Les deux Unions de Berne pour la protection, l'une de la propriété industrielle, l'autre de la propriété artistique et littéraire se sont mutuellement influencées. Les offices internationaux de documentation dans des domaines spéciaux sont dus notamment à l'influence de l'Institut international de bibliographie. Certains congrès, sans porter de noms identiques ni de numéros de suite, sont cependant issus les uns des autres. Ainsi le Congrès des religions de Chicago a inspiré le Congrès des sciences religieuses qui s'est tenu à Stockholm en 1897, et de ce congrès semblent être sortis le Congrès du Christianisme libéral et progressif et le Congrès de l'Histoire des religions.

L'historique des congrès montre qu'au début beaucoup d'entr'eux n'ont aucune périodicité fixe. Plus tard ils deviennent réguliers (Congrès international antialcoolique). Dans leur forme première, chaque session de congrès forme un tout distinct, autonome en principe, mais il est nommé à l'issue des réunions une commission internationale, chargée d'assurer la publication des actes et de veiller à l'organisation du congrès suivant (Congrès international d'anthropologie criminelle). Des associations permanentes sont nées de congrès. Ainsi le troisième Congrès international de la mutualité a déclaré, dans l'une de ses sessions, constituer la Fédération internationale de la mutualité.

On a cherché a apporter quelque ordre et systématisation dans la création des associations. En 1904, l'Association internationale des Académies a émis le vœu suivant : « L'initiative de toute organisation internationale nouvelle, à maintenir par des subventions de divers États, demande à être examinée minutieusement, quant à son objet et à sa valeur; il est désirable que les propositions tendant à établir de pareilles organisations soient, avant toute action définitive, soumises à l'Association internationale des Académies ». La réalisation de ce vœu soulève de grandes objections dans l'application.

Beaucoup d'associations ont rencontré des difficultés considérables dans leur phase constitutive : lenteur des intéressés à comprendre l'utilité du but proposé, rivalité de groupes adverses, craintes de voir prédominer certaines influences politiques au sein de l'Association, luttes pour le siège central, résistance des associations ayant des buts connexes ou dont l'objet très général comprenait aussi celui des associations spéciales nouvelles proposées, etc.


**Actes constitutifs**. — Les actes constitutifs des Associations internationales sont : les conventions ou traités pour les associations officielles, les statuts pour les associations libres ([1]). Ces actes sont plus ou moins développés selon les associations. On peut citer parmi les statuts les plus étendus et les plus

---

([1]) Il a été proposé de créer une Union internationale pour la publication des Traités internationaux. Le projet a été présenté à la Conférence internationale de Berne.

complets ceux récents de la Société universelle de la Croix-Blanche.

Les statuts déterminent l'objet de l'association, le mode d'organisation et souvent les principes sur lesquels elle se base. En général, on n'inscrit dans les statuts et conventions que les principes généraux, les dispositions essentielles, celles qui ne sont pas susceptibles de faciles modifications, et l'on réserve pour les règlements, plus facilement revisibles, les questions d'application et de mise en œuvre des statuts et conventions, telles que les dispositions relatives au mode de publication du budget, à l'organisation intérieure des services, etc. (Union des tarifs douaniers . Dans les unions officielles, le règlement est élaboré soit par la Conférence, soit par le Bureau international, soit par l'un des gouvernements participants et soumis à ratification des autres (Office international d'hygiène publique).

On constate que la structure générale des statuts et des conventions est fort influencée par l'esprit des rédacteurs nationaux des projets primitifs. On constate de même que les actes constitutifs de certaines associations servent de modèles les uns aux autres. Il y avait à cela l'avantage de connaître par les précédents l'exacte portée des textes votés. Même lorsque la structure générale des statuts et conventions diffère, beaucoup d'articles, devenus des sortes de clauses de style, sont transportés d'une association à l'autre. Certains statuts ont une supériorité évidente sur d'autres, lesquels paraissent rédigés hâtivement et sans que les fondateurs se soient rendu suffisamment compte de l'importance de certaines dispositions en cas de conflit, des transformations nécessaires au cours des temps et de la dissolution parfois inévitable.

Plusieurs associations ont fréquemment modifié leurs statuts (Institut international de statistique, Institut colonial international). En général, des mesures sont prises pour rendre difficile cette modification : inscription à l'ordre du jour par le Comité ou, à la demande d'une quantité déterminée de membres, envoi de l'ordre du jour par lettre recommandée, mesures d'instruction, vote à certaines majorités, votes dans deux assemblées plénières successives (Institut international des classes moyennes), etc.

## Création des Associations officielles. — La procédure généralement employée est la suivante : une lettre d'invitation circulaire est adressée aux États, ou bien un message mémorandum est remis aux représentants des puissances auprès de l'État qui prend l'initiative de la convocation (Conférence de la Paix). La lettre d'invitation ou un document subséquent précise les thèmes sur lesquels les délibérations doivent porter et elle est accompagnée d'une note explicative du but proposé à la Conférence (publication des tarifs douaniers).

Les conférences internationales non seulement préparent des conventions et des règlements, mais elles formulent des déclarations, affirment et reconnaissent des principes, émettent des vœux ou recommandations (Conférence de la Paix, Conférences Panaméricaines). Elles peuvent recommander ou accepter en bloc tels règlements élaborés et arrêtés hors d'elles par quelques États. Ainsi la première Conférence panaméricaine de 1889 a recommandé l'application des règlements sanitaires du Congrès de Lima de 1888.

Les travaux des conférences constitutives d'associations internationales consistent en des discussions en séances plénières ou en commissions, et en des négociations entre délégués hors les séances. Il importe que les conférences soient préparées par des travaux préliminaires et par des échanges de vues particuliers avec certains États, de manière à constituer préalablement à la réunion des délégués un premier noyau d'adhérents à certains principes d'organisation. Devant la difficulté d'aboutir, certaines conférences diplomatiques, agissant académiquement, ont arrêté un projet-type d'organisation qui ne liait pas les gouvernements représentés, et ils ont confié à l'un de ces gouvernements le soin d'entamer des négociations diplomatiques avec les gouvernements intéressés sur des bases fixées par les discussions intervenues (Union sucrière). La deuxième Conférence de La Haye a particulièrement pâti du défaut de préparation de ses travaux. Aussi a-t-elle appelé l'attention des Puissances « sur la nécessité de préparer les travaux de la troisième conférence assez longtemps à l'avance pour que ses délibérations se poursuivent avec l'autorité et la rapidité indispensables ». Pour atteindre ce but, la Conférence a estimé utile que deux ans avant la réunion, un Comité préparatoire fût chargé par les gouverneurs de recueillir les diverses propositions à soumettre à la Conférence, de rechercher les matières susceptibles d'un prochain Réglement international et de préparer un programme que les gouvernements arrêteraient assez tôt pour qu'il pût être sérieusement étudié dans chaque pays.

Les conférences se terminent par un acte final ou procès-verbal de clôture, qui résume le travail fait et énumère les conventions et déclarations annexés à l'acte. Il est aussi dressé un procès-verbal de signature. Généralement il en est fait un seul exemplaire, déposé au Ministère des Affaires étrangères de l'État où a siégé la Conférence, et dont des copies certifiées conformes sont délivrées à tous les gouvernements qui y étaient représentés. Les actes portent la date du jour de l'acte final et peuvent être signés jusqu'à une date déterminée par les plénipotentiaires des Puissances représentées à la Conférence. Les conventions élaborées par les conférences officielles sont soumises à ratification. Ces ratifications sont déposées au Ministère des Affaires étrangères du gouvernement du pays où a eu lieu la conférence, dans un délai maximum fixé de la convention.

L'exécution des décisions d'une conférence est confiée ou bien au Bureau de la conférence, ou bien les délégués sont invités à faire toutes les démarches nécessaires auprès de leur gouvernement respectif, ou bien un organe (bureau permanent) est constitué à cet effet.

Les gouvernements peuvent introduire dans les conventions,

de commun accord et en tout temps, les améliorations qui seraient jugées utiles ou nécessaires. Cette stipulation est souvent explicite dans les conventions (publication des Tarifs douaniers). Dans les statuts de l'Union postale, il est prévu que des congrès de plénipotentiaires des pays contractants ou de simples conférences administratives, selon l'importance des questions à résoudre, sont réunis lorsque la demande en est faite ou approuvée par les deux tiers au moins des gouvernements ou administrations, suivant le cas. Toutefois, un congrès doit avoir lieu au moins tous les cinq ans. Dans l'intervalle qui s'écoule entre les réunions, toute administration des postes d'un pays de l'Union a le droit d'adresser aux autres administrations participantes, par l'intermédiaire du Bureau international, des propositions concernant le régime de l'Union.

Des conventions règlent parfois la procédure des modifications. C'est ainsi que les statuts de l'Union pour le transport par chemin de fer portent : « Tous les trois ans au moins, une conférence de délégués des États participant à la Convention sera réunie afin d'apporter aux dispositions de la présente convention, les améliorations ou modifications jugées nécessaires. Toutefois, des conférences pourront avoir lieu avant cette époque sur la demande du quart au moins des États intéressés ».

Quelquefois on substitue à l'ancienne convention une convention toute nouvelle. Ainsi la Convention phylloxérique débute par cette phrase : « Les États contractants, sortant de la convention internationale du 17 septembre 1878 pour en conclure une nouvelle, s'engagent... ».

**Classification des Associations. Types principaux.** -- On peut classer les associations de diverses manières : d'après les éléments qui les composent, d'après leur objet, d'après leurs fonctions ou espèce d'action qu'elles exercent, d'après leur siège. Nous n'envisagerons ici que la composition des Associations internationales : les trois autres points de vue sont traités plus loin.

Les associations se divisent en trois classes :

1° Associations *officielles* ou réunions dont font partie tous les États, comme l'Union postale, ou seulement certains États. On compte actuellement trente-sept Unions officielles ([1];

2° Associations *mixtes* : les membres en sont des États et des collectivités privées (Congrès de navigation, Association internationale pour la protection des travailleurs, Congrès international des chemins de fer, comprenant quarante-sept États et quatre cent et onze compagnies de chemins de fer) ;

3° Associations *libres* : tantôt elles comprennent seulement des particuliers parfois en nombre limité et nommés par cooptation mais avec des membres associés et des invités; c'est le type « Académie » (Institut de droit international, Institut colonial international, Institut international de statistique), tantôt elles comprennent des collectivités ; c'est le type « Alliance ou cartel » (Association internationale des Académies) et le type « Fédération » (Fédération internationale de la mutualité ; tantôt elles comprennent à la fois des particuliers et des collectivités; c'est le cas pour la plupart des associations.

On peut distinguer trois stades dans l'histoire des Associations internationales :.

Premier stade : l'idée des congrès scientifiques et de l'invitation d'étrangers à ces congrès est d'origine allemande (1823). La France, l'Angleterre, l'Amérique suivent bientôt. Vers 1848 et les années ultérieures, la Belgique, à raison de circonstances politiques et du caractère social des congrès, prend une part très

---

[1] MOYNIER, *Les Bureaux internationaux des Unions universelles*, 1892. — DESCAMPS, Ed., *Les Offices internationaux et leur avenir*, Bruxelles, 1894, Hayez, 104 p. — RAPISARDI MIRABELLI (Andrea), *Le Droit international administratif et les grandes unions entre États.*

grande à l'organisation des congrès internationaux ([1]). Pendant ce premier stade, les associations sont des associations libres, privées.

Deuxième stade : ce stade est caractérisé par la création des grandes organisations officielles (1864, Association géodésique internationale; 1872, Bureau international des poids et mesures; 1880, Union postale).

Troisième stade : ce stade est celui à partir duquel on voit se former surtout des associations libres, avec ou sans le concours des États. Le développement de telles associations est sensible surtout depuis 1895. De nos jours, en effet, il semble que la préférence soit à une forme mixte dans laquelle on retrouve les États, et les grands organismes officiels associés aux groupements libres (Association internationale pour la protection des travailleurs). Les courants d'idées qui se sont fait jour à ce sujet lors de la constitution de l'Institut international d'agriculture, et depuis, sont très caractéristiques à ce point de vue. Les uns voulaient faire de l'Institut l'organe central d'une union d'États, les autres d'une fédération mondiale des associations agricoles de tous les pays.

Il existe des relations étroites entre les Associations internationales libres et l'action internationale officielle. Ainsi plusieurs associations ont vu leur mouvement de réforme aboutir à des conventions entre États (Association internationale pour la répression de la traite des blanches.) D'autre part, plusieurs associations libres coexistent avec des associations officielles : elles contrôlent l'action de celles-ci, la facilitent, préparent des extensions aux conventions et de nouvelles adhésions d'États. C'est le rôle qu'ont assumé, par exemple, les Associations internationales pour la protection de la propriété artistique et littéraire et pour la protection de la propriété

----

([1]) Voir Léon Franck. *Les Belges et la Paix.*

industrielle, d'une part, et les Bureaux officiels de Berne pour les mêmes matières, d'autre part.

Les Associations internationales représentent des types plus ou moins développés. Un des types les plus complètement évolués est réalisé par l'Union postale universelle. Elle est pour un objet spécial, la poste, une véritable fédération d'États avec son corps législatif représenté par les congrès qui ont lieu tous les six ans et dont les décisions prises à la simple majorité lient les États, à moins qu'ils ne préfèrent se retirer de l'Union ; avec son pouvoir judiciaire aux mains, tantôt d'un tribunal fédéral, tantôt du Bureau international ; son organe administratif qui est le dit Bureau, sa langue qui est la langue française, son unité de poids qui est le gramme et son unité monétaire qui est le franc ([1]).


**Membres des Associations**. — Les éléments composant les associations sont leurs membres. Il y a lieu de distinguer la nature des membres et les diverses catégories des membres.

*Nature des membres*. — Les membres des associations sont, comme il a été dit plus haut, les personnes et les collectivités : celles-ci sont officielles (États, administrations publiques, villes, provinces) ou libres (associations et institutions).

En principe, les États contractants s'engagent pour eux et pour leurs colonies ou possessions, sauf stipulation contraire (Union sucrière). Le nombre des membres est susceptible de s'accroître après la fondation. Dans les Unions officielles, les conventions sont conclues en général sous la forme de traités

---

([1]) *L'Union postale universelle : sa fondation, son développement, son bureau international,* par E. RUFFY, directeur du Bureau international des Postes, dans la SCIENCE ÉCONOMIQUE, Lauzanne, 1908, p. 169.

dits ouverts. Bien que universelles dans leur objet, les unions commencent leurs travaux avec les seuls États adhérents. Les États qui n'ont point pris part à la convention, sont admis à y accéder ultérieurement aux mêmes clauses et conditions. L'accession en est notifiée au Gouvernement qui a organisé la conférence et qui la fait connaître à tous les États contractants.

Certaines associations tendent formellement à n'avoir comme adhérents que des Fédérations nationales, ou des institutions dont l'action présente un caractère national et, exceptionnellement, des unions régionales là où il n'existe pas d'organisme national (Fédération internationale de la mutualité, Union internationale des associations de presse).

Il est souvent donné mission au Bureau permanent de se mettre en relation avec les particuliers des pays où n'existe pas d'organisme national à l'effet d'y faire constituer de tels groupes ou des sections nationales de l'association (Union interparlementaire). Le Comité Maritime International a inscrit dans son objet social celui de provoquer la création d'associations nationales et de maintenir entre ces associations des rapports réguliers et une action concordante.

Les sociétés adhérentes sont tantôt exclusivement des sociétés ayant le même objet que l'Association internationale, tantôt de telles sociétés mais aussi toutes autres qui par leur adhésion font acte de sympathie aux idées et au but de l'association. On fait parfois une distinction entre « sociétés fédérées » ayant droit de représentation officielle et voix délibérative, et « sociétés adhérentes » n'ayant pas ce droit. Certains statuts assimilent à des collectivités, les périodiques, les revues et journaux qui traitent de la matière, objet de l'association. Il est aussi des associations dans lesquelles les périodiques forment les seuls membres du congrès (Association internationale de la Presse médicale).

En général, dans les associations libres ou mixtes les particuliers peuvent adhérer directement. Parfois ils ne peuvent devenir membres que s'ils font partie d'une société nationale (Congrès de la Paix).

Certaines associations sont des commissions tantôt nommées par une association ou un congrès avec droit de cooptation, tantôt formées de délégués de gouvernements (Commission pénitentiaire internationale).

Les réunions internationales officielles ont ce caractère d'être des *conférences fermées*. Toutefois, on y invite spécialement les personnes ou collectivités connues pour leur compétence scientifique ou leur activité pratique dans le domaine qui fait l'objet de la conférence. Des associations libres, fermées aussi, font également des invitations (Institut International de statistique). Les bureaux de certaines associations ont le droit d'admettre aux séances de la Commission, avec voix consultative, les personnes qui paraîtraient pouvoir utilement collaborer à leurs travaux (Union internationale des patronages).

*Catégories de membres.* — La plupart des associations comprennent plusieurs catégories de membres : effectifs, titulaires, associés, ordinaires, extraordinaires, correspondants, honoraires, fondateurs, donateurs, protecteurs, etc. Ces termes n'ont pas un sens fixe, mais relatif dans chaque association. Il est précisé par les conditions à remplir dans chaque cas.

Les membres effectifs ou titulaires sont ceux qui prennent une part active aux travaux. Ce sont les éléments essentiels des associations.

Les membres sont dit associés, tantôt par opposition aux membres effectifs ou titulaires, tantôt par opposition aux membres correspondants. Les grands congrès se sont créé des ressources importantes en donnant une grande extension à la catégorie des membres associés. Ainsi, dans le Congrès international pour la répression des fraudes alimentaires « peuvent être associées, les personnes faisant partie de la famille d'un membre titulaire (femme, frère, sœur, fils, etc.), qui ont versé la somme de 10 francs ; les membres associés jouissent au même titre que les membres titulaires de tous les avantages accordés par les administrations publiques sur le prix de transport ; ils ne reçoivent pas les publications des Congrès, ne prennent part ni aux votes ni aux discussions et ne peuvent faire de communication, mais ils assistent aux séances et sont invités aux fêtes et aux réceptions officielles ».

Les membres donateurs paient des taux variés : 1,000 francs (Association pour la protection de la propriété industrielle) ; 100 francs (Congrès international pour la répression des fraudes alimentaires).

Les membres fondateurs sont ceux qui ont pris part à l'organisation de l'Association ou qui remplissent *ex post facto* certaines conditions, notamment le versement d'une certaine somme destinée à constituer un fonds spécial (Comité maritime international).

Les membres honoraires sont des personnalités éminentes dans la spécialité ou des personnes ayant rendu ou pouvant rendre des services à l'Association. On nomme souvent membres honoraires d'anciens hommes politiques.

*Patronage.* — La plupart des associations sont placées sous le patronage ou de hautes personnalités politiques ou scientifiques, Rois, Présidents de Républiques, Princes, Ministres, Gouverneurs, Chefs de Municipalités, etc.

*Cotisation.* — La cotisation des membres varie de 1 franc à 25 francs. Les taux de 5, 10 et 20 francs sont les plus usuels. Souvent la cotisation des collectivités est plus élevée (Association internationale de la marine, 50 francs). La cotisation est parfois proportionnelle au nombre de voix ou de délégués. Des Congrès ne font pas payer de cotisation aux adhérents, mais un droit spécial pour recevoir les publications.

*Conditions d'admission, droits et obligations.* — En règle générale, toute personne, sans distinction de sexe, de race ou de religion peut faire partie des associations internationales. La présence de la première femme à un congrès eut lieu au Congrès international de bienfaisance à Bruxelles en 1856 (M^me Frederika Bremer). Maintenant certains congrès ont établi des cartes de dames, d'un taux moins élevé que les cartes des messieurs, en se basant sur le fait que beaucoup de dames n'assistent qu'aux fêtes, réceptions, visites, etc.

Certaines associations exigent de leurs membres une adhésion à leurs principes (Ligue internationale contre l'abus des boissons spiritueuses). L'Union internationale des sociétés éthiques considère comme « Société éthique », toute organisation qui accepte ses statuts, lesquels contiennent une déclaration de principe. Il en est de même pour le Congrès international d'esperanto : peuvent être membres, tous ceux qui savent la langue et s'en servent ; on se contente de la simple déclaration, sans certificat ; la sanction, c'est que les congrès se tiennent en esperanto.

En général, l'engagement des membres n'a pas de durée fixe. Quelquefois la durée est fixée (Fédération internationale de la mutualité : trois ans).

Les droits et obligations des membres sont énoncés dans les statuts : droit des membres de présenter des propositions au Comité de direction (Association de la Croix-Bleue) ; droit des membres réunissant certaine majorité de demander des assemblées extraordinaires. Aux droits sont corrélatifs les devoirs : les membres sont responsables des obligations qu'ils assument. Ainsi, en ce qui concerne l'*International catalogue of scientific litterature*, il est stipulé que les Bureaux régionaux sont responsables de la préparation du travail dans leur propre pays.

L'exclusion des membres qui, au lieu de coopérer au but commun, poursuivent une œuvre contraire ou nuisible aux fins de l'association, est de droit, parfois elle est spécifiée dans les statuts (Fédération internationale de mutualité).

*Nombre des membres.* — Certaines associations visent à avoir un grand nombre de membres; d'autres, au contraire, à limiter ce nombre. L'Institut colonial international a limité ses membres à 70. Le Comité maritime international constitue une Fédération des associations nationales actuellement au nombre quinze. L'Institut international de sociologie a 100 membres au plus et 200 associés. L'Institut international des classes moyennes se compose de membres élus en nombre limité et de membres correspondants en nombre illimité. Là où une représentation nationale des intérêts est recherchée, il y a limitation naturelle par le nombre des pays (Association maritime internationale).

Les Unions officielles ne comprennent pas tous les pays. Certaines conférences sont plus nombreuses que d'autres. A la première Conférence de La Haye, en 1899, 36 nations étaient représentées; il y en avait 44 à la seconde conférence, en 1907.

Le nombre des membres de certaines associations et de certains congrès est très considérable. Au Congrès de chimie appliquée de Londres (1909), il y avait 9,000 membres; au Congrès international de médecine de Moscou, 7,000 congressistes et 1,500 dames; au Congrès de l'International Council of Unitarian and other Liberal Religious Thinkers and Workers (1907), 2,400 adhérents; Alliance coopérative internationale (1906), 559 sociétés ou organisations adhérentes; Fédération internationale de la Croix-Bleue (1906), 1,184 sections et 61,214 membres; Congrès international d'expansion économique mondiale, Mons (1905), 2,000 adhésions individuelles et 400 adhésions collectives; Congrès international d'éducation morale, Londres (1908), 1,800 membres; au 15 janvier 1908, l'Alliance universelle des Unions chrétiennes de jeunes gens comptait 7,805 associations, 800,573 membres, 2,964 secrétaires payés, 1,069 bâtiments lui appartenaient en propre.

## Organisation de la représentation et du vote. —

La représentation des intérêts est réglée au sein des associations et des congrès internationaux. Ce ne sont pas des foules, mais des réunions organisées. Les questions à discuter sont de deux ordres : les questions purement scientifiques d'une part, d'autre part, les questions d'organisation, d'administration, de politique générale et des intérêts en cause. L'accord, unanimité ou majorité, est requis pour celles-ci ; mais on ne vote pas sur les questions scientifiques.

L'organisation de la représentation, des délégations, du vote a une importance capitale. Qui peut être admis à délibérer et à voter? Comment voter? Sur quoi voter?

On distingue parfois le droit d'assister aux séances, celui de prendre part aux discussions, celui de faire rapport, celui de voter, la voix consultative (droit de prendre part aux débats) et la voix délibérative (droit de vote).

Le Congrès de Botanique, de Vienne, n'a permis le vote qu'aux seules personnalités au courant des besoins pratiques de la science en matière de nomenclature (membres de la Commission internationale de nomenclature, auteurs de motions, délégués des grands établissements botaniques et des sociétés ou corporations scientifiques).

Quand les associations sont composées de particuliers et d'associations, celles-ci seules, parfois, ont voix délibérative. Les particuliers, de même que les sociétés qui n'ont pas pour but principal le but du congrès, n'ont alors que voix consultative (Congrès de la Paix).

Les collectivités inscrites comme membres titulaires peuvent être représentées par un ou plusieurs délégués.

En général, la représentation est organisée par pays. Trois cas peuvent se présenter :

1° Il y a un seul groupe national qui peut être considéré comme représentant les intérêts du pays. On l'admet en cette qualité.

2° Il y a plusieurs groupes nationaux. S'ils sont fédérés, c'est la fédération qui est admise; s'il n'y a pas de fédération, on crée au sein de l'association internationale un organisme intermédiaire, section ou comité national auquel sont rattachés tous les groupes d'un même pays. Cet organisme alors exerce indivisément tous les droits donnés dans le premier cas au groupe national.

3° S'il n'existe pas de groupement national, on cherche à y suppléer soit en admettant la représentation directe des organismes locaux (Fédération internationale pour l'observation du dimanche; Alliance internationale pour le suffrage des femmes); soit en désignant des personnalités qui, à raison de leurs fonctions, de leurs travaux, de leur rang social, peuvent être tenues pour des représentants nationaux (Union interparlementaire quant aux pays qui n'ont pas de parlements).

D'autres mesures sont encore prises, le cas échéant, pour assurer la représentation équitable des droits nationaux. Ainsi les statuts de l'Institut colonial international fixent la répartition des membres entre les diverses nationalités et limitent à un cinquième les membres d'un même pays. Le nombre des membres d'une nationalité au sein de la Commission du Bureau international permanent de la Paix ne peut dépasser le chiffre de 5 sur 35.

Le vote a lieu ou par suffrage universel (un membre, une voix), ou par suffrage collectif (un groupe, une voix), ou par suffrage plural (autant de voix qu'en donne droit le mode de représentation admis). Plusieurs hypothèses de suffrage plural peuvent se présenter : voix d'après le nombre de membres composant l'association (Bureau central des associations de Presse : autant de voix que l'association compte de centaines de membres ou de fractions de centaines avec un maximum de vingt voix); voix au prorata de la cotisation avec attribution à chaque État d'un nombre de voix inversement proportionnel au numéro de la catégorie à laquelle il appartient en ce qui concerne sa participation aux dépenses ; nombre de voix attribué à chaque pays proportionnellement à son importance au point de vue spécial de l'association (Fédération aéronautique : les voix sont proportionnelles au tonnage des aérostats en service et au nombre des aéroplanes ayant rempli des conditions minimum).

Il y a lieu à limitation des votes. Nul ne peut disposer dans les Congrès de la Paix de plus de vingt voix. On a proposé de limiter le droit de vote dans les sections d'après les nationalités, de manière que les nationaux, en général plus nombreux que les étrangers, ne puissent abuser de leur force numérique. Le nombre de personnes ou de groupes que peut représenter un membre est parfois déterminé dans les statuts (Bureau central des associations de presse).

En général, la majorité lie la minorité (Union postale internationale). Il y a des exceptions. Ainsi dans l'Association internationale des Académies, « chaque Académie se réserve, dans chaque cas particulier, le droit de prêter ou de refuser son concours, ainsi que le choix des voies à prendre ou des moyens à employer ».

**Délégués des gouvernements.** — Les délégués des gouvernements sont tantôt des membres, tantôt des invités ne payant pas de cotisation. Chaque gouvernement a la faculté de désigner un délégué officiel qui a les droits et les devoirs d'un membre du comité dans les associations libres (Ligue internationale contre l'alcoolisme). A l'Institut international des classes moyennes, les gouvernements qui accordent un subside ont le droit d'envoyer un délégué qui a les pouvoirs d'un membre effectif. Ceux qui accordent seulement leur patronage peuvent envoyer un délégué avec voix consultative.

Les gouvernements sont invités à se faire représenter à la plupart des congrès (vingt-deux gouvernements représentés au Congrès de l'aliment pur, Genève, 1908). Les ministres du pays où se tient le congrès, assistent à certaines séances (au Congrès de la répression des fraudes alimentaires, Genève 1908, le ministre français de l'agriculture, M. Ruau, auteur de la loi française sur les fraudes alimentaires, a assisté, en personne, à une partie des travaux).

Il faut distinguer parmi les délégués officiels ceux des gouvernements, ceux des départements et ceux des villes. Des ministères différents d'un même pays sont souvent invités à se faire représenter chacun d'une manière distincte. On a introduit récemment dans les congrès les fonctions de délégués du gouvernement à titre consultatif. Ils prennent rang entre les membres du Comité de patronage et les vice-présidents.

La marche généralement suivie pour la désignation des délégués est celle-ci. Le ministre du gouvernement local qui a donné son patronage au congrès est prié de demander au Ministre des Affaires étrangères local qu'il obtienne que les gouvernements étrangers envoient des délégués. Le Ministre des Affaires étrangères écrit à ses ambassadeurs et ministres à l'étranger, lesquels adressent la demande aux Ministres des Affaires étrangères près desquels ils sont accrédités. Ceux-ci, à leur tour, s'adressent aux chefs des départements ministériels que la question intéresse. Les réponses suivent la même filière.

**Organes**. — Les principaux organes des associations sont :

. L'Assemblée générale ou Conférence.

Le Conseil d'administration ou Commission permanente.

Le Comité de direction ou Bureau.

Les Conseils consultatifs, scientifiques ou techniques.

Les Commissions et Sections spéciales, Bureaux de sections.

Ainsi le Bureau international des poids et mesures fonctionne sous la direction exclusive d'un Comité international, placé lui-même sous l'autorité d'une Conférence générale des poids et mesures formée de délégués de tous les gouvernements contractants. Les états majors sont parfois considérables. Ainsi l'organisation du premier Congrès international pour la répression des fraudes alimentaires et pharmaceutiques (1908) comprenait : 1° Présidents d'honneur du Congrès (plusieurs présidents dans chaque pays); 2· Comité exécutif (cinq membres); 3° Comité d'organisation composé de : un président, un secrétaire, le même que celui du Comité exécutif, un comité d'honneur, avec un président et huit membres, et quatre commissions spéciales : logements, finances, transports, fêtes, ayant chacun des présidents, secrétaires et membres (ensemble vingt-trois personnes); 4° Comité local avec deux présidents d'honneur, un président, un vice-président et quinze membres; 5° Comités dames : six dames; 6° Bureaux des quatorze sections ayant chacun un président et un secrétaire, désigné par la Commission d'organisation et complété par les sections elles-mêmes. Le Congrès international d'architecture a eu l'organisation suivante : comité de patronage et d'action : président d'honneur, président, vice-président, secrétaire, membres par pays; comités de travail : représentation, finances, correspondances et renseignements, expositions, visites et excursions, dames. Dans certains congrès on multiplie aussi les commissions. On constitue aussi des commissions de fêtes, de logements, de transports, etc.

L'institution de plusieurs organes au sein d'une même association a pour but la division des fonctions, l'organisation de la représentation, l'équilibre des pouvoirs. Dans l'organisation de l'esperanto on a créé un Comité espérantiste international en une Académie internationale, afin de soustraire la langue aux fluctuations irréfléchies des Congrès. D'une manière générale, le vote a deux degrés : le simple droit consultatif, le droit de veto sont des éléments d'organisation mis en œuvre pour atteindre le but désiré.

*L'Assemblée générale* comprend tous les membres de l'Association. En général, elle n'a pas de siège fixe. Dans les Unions officielles, les assemblées générales sont les Conférences périodiques. En général, leur tenue est obligatoire et elles doivent se réunir à période minimum, par exemple tous les trois ans au moins ou sur demande d'un État intéressé ou d'un prorata d'État (Office central des transports internationaux). L'assemblée générale prend quelquefois le nom de Convention (Catalogue international de la Littérature scientifique).

Les assemblées générales des associations sont distinctes des congrès, même de ceux organisés par les associations. Les congrès sont plus largement accessibles. Pendant la durée des congrès a lieu ordinairement l'assemblée générale des membres.

L'assemblée générale donne lieu dans les statuts aux questions suivantes : composition, attributions, sessions, méthodes de travail, rapports, discussions, conclusions, vote par délégation, par correspondance, majorité et quorum, emploi des langues.

Le *Conseil général* ou Commission internationale est l'organisme intermédiaire entre l'assemblée générale et le Bureau exécutif. Dans les Unions officielles, la Commission internationale est formée de représentants techniques ou administratifs désignés par les États participants, à raison d'un représentant pour chaque État. Dans les associations libres, le mode de formation du Conseil général est très varié Ainsi, par exemple, le Conseil général de la Fédération rationaliste est formé par la réunion de délégués des nations, à raison de dix délégués par nation. Les sociétés, ou à leur défaut les libres penseurs de chaque nation, ont à s'entendre au sujet de la nomination de ces délégués.

Le *Conseil général* a des fonctions plus ou moins étendues. Dans un grand nombre de cas, il sert seulement de lien entre les diverses sessions de l'association. Le Conseil prend, dans l'intervalle des sessions, les résolutions ayant trait au développement scientifique de l'association (Institut de Droit international).

Les membres des commissions permanentes sont répartis par pays. Il y a des exceptions. Les membres de la Commission permanente des Congrès internationaux de philosophie sont répartis par langues et non par pays : langue allemande, anglaise, française, hongroise, italienne, scandinave et slave.

La délimitation des fonctions entre le conseil général et le comité exécutif est difficile à établir. D'une manière générale, on peut dire que l'un est chargé de l'administration des affaires d'intérêt général, l'autre de l'exécution des résolutions et de l'initiative de toute mesure propre à l'extension à donner aux idées et à l'action internationale (Société théosophique).

Le *Bureau permanent* ou conseil administratif est chargé de l'expédition des affaires courantes et de l'exécution des décisions du conseil général. Il gère et administre. Le bureau est souvent formé de personnes résidant au siège de l'association (Institut international d'art public. Bureau socialiste international). A raison de son importance, la Croix-Bleue a dû subdiviser le comité central international en deux commissions exécutives : l'une pour les pays de langues latines; l'autre pour les pays de langues germaniques.

Il existe des *Commissions spéciales* ; elles sont formées de personnes désignées à raison de leur compétence relativement aux questions à discuter (Commissions spéciales de l'Association internationale des Académies). Parfois les membres de ces commissions ont la faculté de se compléter par cooptation ou de s'adjoindre des collaborateurs pour la rédaction des notes et rapports.

Des *Sections nationales* sont créées pour grouper les membres appartenant à un même pays. C'est ainsi que l'Association internationale pour la protection légale des travailleurs comprend douze sections nationales. Des *Bureaux locaux* sont créés pour l'exécution des conventions internationales. Ainsi les conseils sanitaires d'Alexandrie, de Constantinople, de Tanger, de Téhéran.

Les *Comités techniques* sont formés de personnes compétentes appartenant aux différentes nationalités avec mandat consultatif (Office international de documentation de la chasse; Office international de documentation pour la pêche; Institut d'art public; Association internationale des catholiques pour le progrès de la science; International catalogue of Scientific litterature; Conférence sanitaire de Paris.)

Dans les congrès le *Comité local d'organisation* assume l'organisation matérielle du congrès et les relations du congrès avec les autorités locales, l'emplacement, les réunions, réceptions et festivités, les relations avec les services centraux des congrès s'il en existe. La partie scientifique du congrès est laissée à la commission permanente. On désigne parfois un comité international de propagande nommé par le congrès (Congrès international de psychologie). Ce comité peut se subdiviser en comités locaux, chargés de faciliter la participation de leurs nationaux au congrès et de provoquer leur adhésion.

Le comité d'organisation des congrès devient, en règle générale, le bureau définitif du congrès.

Dans tous les grands congrès il y a des *Comités de patronage* nationaux (Congrès de Chimie appliquée); dans les congrès de moindre importance, il n'y a qu'un seul grand comité de patronage comprenant les nations de tous les pays. Les associations autres que les Congrès ont aussi des Comités de patronage ou d'honneur.

Le Comité d'organisation se divise souvent en sections ou comités spéciaux : Comité d'honneur; Commission de logement; Commission des fêtes; Commission des finances; Commission des transports.

Il existe des formes où tout ou partie de la gestion des organismes internationaux est confié à d'autres organismes. Ainsi l'organisation et la surveillance de certains offices est confiée à un gouvernement particulier : le Ministère des Affaires étrangères de Belgique a la charge du Bureau international pour la publication des Tarifs douaniers; pour les bureaux internationaux créés en Suisse (Postes, Transports internationaux, etc.), c'est le Conseil fédéral de la Confédération suisse. Dans l'Association internationale des Académies, l'association directrice est celle du lieu dans lequel doit se tenir la plus prochaine réunion générale. L'Institut international de bibliographie est chargé d'organiser le Congrès international de bibliographie.

A l'origine de certains congrès, c'était la société principale de chaque pays qui organisait alternativement les congrès. Puis ce soin a été dévolu à la Commission permanente. Des Congrès internationaux de photographie ont été organisés par des associations nationales avec patronage de l'Union internationale de photographie.

**Personnel.** — Les personnes chargées d'offices sont les présidents, vice-présidents, secrétaires, trésoriers, directeurs, employés et agents. Les traités, les statuts et les règlements contiennent de nombreuses stipulations relatives à leurs fonctions, nominations et positions, ainsi qu'aux avantages personnels afférents à la fonction.

L'élection des membres du comité de la direction est parfois entourée de beaucoup de formalités : vérification des pouvoirs, groupement des voix, ballotage, procès-verbal formel (Bureau international des associations de la Presse). Ordinairement les élections ont lieu au scrutin ou par acclamation, surtout pour la nomination des présidents honoraires.

En général, les fonctions sont temporaires, sauf celles du secrétaire général (dix ans à l'Institut international de sociologie), mais le secrétaire de l'Association artistique et littéraire internationale est perpétuel. On estime avec raison qu'il ne faut pas un changement trop fréquent dans le personnel de la direction, ce serait au détriment de la continuité des travaux (Congrès international de statistique).

Les fonctions sont réparties en général entre des nationalités différentes (Bureau central des associations de la Presse). Dans l'Institut international des classes moyennes, la présidence appartient successivement à chaque nationalité représentée au sein du comité suivant l'ordre alphabétique en langue française des pays. Le secrétaire des séances est de même nationalité que le président. La neutralité des présidents et des secrétaires des sections a été recherchée au Congrès de la répression des fraudes alimentaires en confiant ces fonctions presque exclusivement à des juristes. Les discussions étant toutes commerciales, on assurait ainsi à la direction des débats le caractère le plus impartial. Pour la présidence des associations et des congrès, on recherche une personnalité qui ait un nom connu, qui soit une personnalité par elle-même, un personnage officiel. Pour les congrès, il est choisi généralement parmi les nationaux du pays où a lieu la session. Le président d'honneur aussi est le plus souvent choisi dans le pays où se tient le congrès (Congrès de la Paix).

Dans les congrès, les fonctions actives sont celles de présidents et de secrétaires des sections. Les vice-présidences sont destinées à faire des politesses sans compromettre la direction des débats soit à raison du manque d'aptitude à présider des membres, d'une initiation insuffisante ou de tendances que n'admettent pas les organisateurs. Souvent on nomme autant de vice-présidents qu'il y a de nations représentées (Congrès de la Paix).

Les secrétaires sont les chevilles ouvrières des associations. Certains statuts déterminent en détail les fonctions de secrétaire. Parfois les attributions du Secrétariat pour les délibérations ou Secrétariat général et celles du Secrétariat du Comité local d'organisation sont distinctes (Congrès de la Paix). La désignation des secrétaires est souvent laissée aux présidents,

Le Congrès international d'éducation morale (1908) avait des secrétaires locaux dans trente pays. Des secrétaires auxiliaires ou rédacteurs sont désignés pour seconder le secrétaire général dans la rédaction des procès-verbaux de la session (Institut de Droit international). Les secrétaires des séances se confondent parfois avec les secrétaires des sections.

Certaines associations et certains congrès ont créé au sein du Comité exécutif la fonction de rapporteur général (Association internationale pour la protection de la propriété industrielle, Congrès international de photographie). Cette fonction comprend une partie des fonctions du secrétaire général. Le rapporteur général ne s'occupe que des questions scientifiques et non de l'organisation. Il rapporte d'un Congrès à l'autre les résultats du Congrès antérieur et l'état actuel des questions.

Les bureaux des offices internationaux sont placés sous la direction d'un directeur et d'employés rétribués. Le directeur du Bureau ainsi que les agents sont nommés au scrutin secret par le Comité international. Les employés sont nommés par le directeur. Le directeur a voix délibérative au sein du Comité. Certains instituts internationaux ont un directeur salarié dont la situation est réglée par contrat, et qui assure le fonctionnement du secrétariat. Parfois le traitement ou indemnité des délégués sont payés par leurs pays respectifs (Union sucrière . Les gouvernements étrangers ont des agents propres, à leurs frais, au bureau des Républiques américaines. Le personnel du Bureau international pour la publication des Tarifs douaniers se compose de délégués des principaux pays dont la langue est utilisée pour la publication de l'institution.

En général, les membres du Comité et du Bureau n'ont droit à aucune rétribution. Mais il peut être alloué au secrétaire des honoraires convenables. Pour les voyages nécessaires, les membres du Bureau reçoivent les indemnités fixées par les règlements. Les indemnités de déplacement et autres des membres sont tantôt à charge des États respectifs, tantôt à charge de l'Office (Bureau international des poids et mesures). Voici, à titre d'exemple, les traitements du personnel de l'Office postal universel : Directeur, 18,000 francs (fixe); 1er secrétaire, 12,000 francs; 2e secrétaire, 7,200 francs; 3e secrétaire, 6,000 francs; traducteur, 5,000 francs; registrateur, 4,000 francs; économe, 3,000 francs. Tout ce à quoi il y a lieu d'ajouter 15 % pour assurance. Il existe un fonds de 25,000 francs pour pension.

**Objet des Associations internationales.** — Il y a lieu de distinguer entre les objets généraux des associations, les matières spéciales dont elles s'occupent, sciences ou buts d'activité, et les moyens qu'elles mettent en œuvre pour réaliser leur objet. Il n'est question ici que des objets généraux des associations. Ils se ramènent à deux grandes catégories : l'étude en commun et l'organisation de l'action commune.

1° Buts scientifiques; faire progresser les sciences pures et les sciences appliquées; centraliser les résultats des études et des expériences faites dans le monde entier; travailler à formuler les principes généraux de la science (Institut de Droit international).

2° Buts d'organisation scientifique : l'organisation de la science est distincte du progrès de la science elle-même, c'est-à-dire des résultats scientifiques. Elle vise les méthodes, le travail, la coopération, les établissements scientifiques, les collections, etc. L'Association internationale des Académies a inscrit dans ses statuts le but de préparer ou promouvoir des entreprises scientifiques.

3° Buts d'intérêt professionnel : ces intérêts sont ceux d'une classe d'hommes opposés aux intérêts généraux de l'humanité. Des associations se proposent de grouper les personnalités d'une spécialité entière en une association internationale mieux à même que les efforts épars, d'activer la réalisation de tous les vœux de la branche spéciale (Association stomatologique internationale, Fédérations internationales des divers métiers, Secrétariat international des fédérations syndicales internationales). Beaucoup d'associations ont un objet mixte : les progrès de la science et les intérêts professionnels : déontologie, relations confraternelles. C'est le cas du Congrès international des médecins et de l'Association internationale des avocats.

Des questions autrefois purement locales, telles que le salaire, la durée de la journée de travail, l'interdiction de l'emploi des matières nuisibles, sont déjà, non plus nationales, mais internationales, et ne peuvent être résolues que de commun accord.

4° Buts de propagande : réunir dans une action commune les membres d'institutions nationales pour faire connaitre dans leurs États respectifs un certain principe (Union interparlementaire). Propager et développer dans tous les pays les principes dont s'inspire telle branche d'activité (Fédération internationale de la mutualité).

Certaines associations affirment leurs tendances dans des déclarations de principe inscrites dans leurs statuts (Alliance internationale pour le suffrage des femmes). Certaines demandent à leurs membres une adhésion de principe. Ainsi la Croix-Bleue exige un engagement personnel d'abstinence. L'Alliance universelle des Unions chrétiennes de jeunes gens est une confédération sur la base d'un principe : peuvent en faire partie ceux qui l'ont accepté (Statuts de Paris). Au contraire, des associations déclarent dans leurs statuts s'abstenir de toute propagande (Institut international des classes moyennes).

5° Buts d'utilité publique : grands travaux publics à exécuter en commun; services généraux internationaux à organiser (Service des postes, télégraphes, téléphones; service sanitaire).

6° Buts d'action sociale et politique : entreprendre, pour des réformes communes à plusieurs pays, les pourparlers nécessaires avec les diverses nations et les faire aboutir; édifier une organisation internationale *pour* ou *contre* une chose. Les associations qui poursuivent une action sociale indiquent souvent dans leurs statuts qu'elles ont aussi pour objet l'étude scientifique des questions dont elles s'occupent (Fédération abolitioniste internationale).

7° Buts d'organisation économique : les trusts, constitués sous forme d'associations internationales. Le commerce universel du pétrole est organisé et les trois grandes organisations mondiales pour la vente du pétrole : Standard Oil Company, Koninklijke Nederlandsche Maatschappij, Europeensche Prot. Union marchent la main dans la main, chaque allié respectant la sphère d'action des autres et se gardant de provoquer une concurrence au préjudice de ceux-ci. L'Internationale landwirtschaftliche Vereinigung für Stand und Bildung der Getreidepreise a pour but de mettre le marché des céréales dans des conditions normales et d'y faire intervenir l'influence de la production agricole.

8° Buts de moralisation et de religion : affirmer l'importance de principes : ainsi l'Union internationale des Sociétés éthiques a pour but d'affirmer la suprême importance du facteur moral dans toutes les relations de la vie. Des Congrès font appel aux sentiments religieux : les Congrès eucharistiques sont accompagnés de cérémonies religieuses. Au Congrès international de Chicago il a été dit par l'assistance tout entière un Pater, symbole d'une croyance commune. Les Congrès de la Paix en Amérique sont accompagnés d'hymnes.

Au contraire, de nombreuses associations déclarent explicitement dans leurs statuts qu'elles sont indépendantes de tout parti politique, de toute école philosophique et de toute confession religieuse.

9° Buts de relations : créer, faciliter ou développer des relations internationales entre personnes ou groupes qui s'occupent d'une façon suivie d'une même science ou branche d'activité; faire connaître ces personnes les unes aux autres, les attirer et les unir par les liens de sympathie et d'une action commune

(Alliance coopérative internationale). — L'Association internationale des Académies a inscrit dans ses statuts qu'elle a pour but, d'une manière générale, de faciliter les rapports scientifiques entre les différents pays. — Le Congrès international de Géographie a nommé une Commission en vue d'étudier les moyens de rendre plus étroite l'union entre les sociétés de géographie. Il a aussi pris des mesures relatives à l'entente des secrétaires généraux des sociétés de géographie pour organiser les rapports des sociétés de géographie entre elles.

10° Buts d'études, d'information, de mise en commun des renseignements : faciliter l'échange des connaissances spéciales entre les hommes compétents ; répandre des renseignements et faire connaître les meilleurs principes et les meilleures méthodes (Alliance coopérative internationale) ; échanger des informations et des publications entre les collectivités affiliées (Fédération internationale des Comité permanents d'expositions); réunir, classer, communiquer au public des renseignements sur la situation économique et intellectuelle de divers pays (Bureau des Républiques américaines); rassembler, traduire, coordonner et publier les renseignements de toute nature qui se rapportent à l'objet de l'Association (Union sucrière).

Dans la plupart des Unions les États s'engagent à se communiquer leurs documents officiels sur la matière (Union pour la publication des tarifs douaniers).

11° Buts de solidarité et d'entente fraternelle : s'entrainer, s'encourager, se soutenir ; l'entente fraternelle est formellement stipulée dans un grand nombre de statuts (Union internationale des associations de la Presse; Congrès de la Paix; Union interparlementaire). Certaines associations, bien que leur objet soit spécial, visent dans leurs statuts des buts pacifiques généraux. La Fédération internationale de la Mutualité « favorise » toutes les institutions visant à la solution pacifique des conflits » et notamment la Cour d'arbitrage de La Haye ».

A côté des Associations internationales qui ont des objets

spéciaux, il en est parmi les officielles qui ont des objets généraux. Elles correspondent dans l'ordre international à ce que sont dans l'ordre national les États et les grands corps publics, lesquels ont pour objet les intérêts généraux de la communauté. Ainsi l'objet du Bureau des Républiques américaines s'est développé successivement : simplement économique au début, il embrasse aujourd'hui aussi le domaine intellectuel. Le Bureau international central américain a aussi pour objet « d'imprimer à l'instruction publique un caractère essentiellement central américain, dans un sens uniforme, d'unifier la législation, de développer le commerce, l'industrie et l'agriculture en général; d'assurer une réorganisation pacifique du Centre-Amérique considéré comme un seul pays ».

Dans la sphère de son objet propre, chaque Association internationale a de par ses statuts, un objet complet aussi. Le Bureau international de l'Union postale universelle « est chargé de réunir, de coordonner, de publier et de distribuer les renseignements de toute nature qui intéressent le service international des postes; d'émettre, à la demande des parties en cause, un avis sur les questions litigieuses; d'instruire les demandes en modification des actes du Congrès; de notifier les changements adoptés et, en général, de procéder aux études et aux travaux dont il serait saisi dans l'intérêt de l'Union postale ».

En général, les associations cherchent à être seules maitresses exclusives dans le domaine qu'elles ont choisi pour objet. Certaines associations déclarent cependant ne pas s'attribuer le monopole des réformes à poursuivre et être prêtes à s'associer à d'autres (Fédération internationale pour l'observation du dimanche).

Un grand nombre d'associations se proposent de faire sanctionner par des conventions internationales les ententes qu'elles ont étudiées (Comité maritime international) ou de faire organiser par une union d'États un service public international (Institut international de Bibliographie).

**Correspondance**. — Le mode de correspondre entre les divers organes d'une association et entre ses divers membres a une grande importance pratique.

Pour combattre l'obstacle de la distance, on a instauré diverses mesures, telles que l'instruction écrite de questions entre membres, le rapport précédé d'enquêtes publiées dans le Bulletin, la consultation par voie de circulaires, le vote par écrit, le droit de remplacement dans les réunions.

Dans les associations officielles, la correspondance du Bureau avec les Gouvernements adhérents est ou directe, ou faite par entremise des représentants diplomatiques (Bureau des Républiques américaines), ou par l'intermédiaire d'un ministre des Affaires étrangères du pays où siège l'association (Union pour la publication des tarifs douaniers). En général, les communications sont faites par la voie diplomatique.

Parfois un gouvernement s'entremet, pour la communication aux autres États, des lois et décisions prises dans chaque État à la suite de conventions internationales (Convention pour la protection des oiseaux utiles à l'agriculture). A l'Institut colonial international, les membres de chaque État désignent celui d'entre eux qui est spécialement chargé de correspondre avec le Bureau de l'Institut pendant l'intervalle de deux sessions.

Parfois les statuts déterminent qui a la signature sociale (Bureau interparlementaire). La franchise postale internationale, au bénéfice des associations internationales, n'a guère été réglée. Elle existe dans certains cas (Bureau des Républiques américaines).


**Nom des Associations**. — Chaque association a son nom. Ce nom est tantôt le même pour toutes les langues, tantôt traduit en plusieurs langues (International Catalog of scientific Litterature, Catalogue international de la littérature scientifique). Beaucoup de termes synonymes ou équivalents entrent dans le libellé des titres des associations (Association, Union, Fédération, Congrès, Ligue, Assemblée, Commission, Institut, Bureau, Office, Secrétariat).

Le titre d' « Institut » caractérise le rang scientifique et les aspirations de certaines associations. Par ce titre, à l'origine, on a voulu rappeler le nom de l'Institut de France. Il a été pris d'abord par l'Institut de droit international, puis par l'Institut international de statistique.

Les noms manquent fréquemment de fixité, et c'est là une cause de trouble et de confusion dans les recherches (Congrès internationaux de la législation douanière). Des noms trop longs ont été raccourcis par l'usage, d'où une autre source de confusion. Ainsi le premier Congrès international pour la répression des fraudes alimentaires et pharmaceutiques, organisé par la Société universelle de la Croix-Blanche, s'est appelé le « Congrès de l'aliment pur ». Les statuts de cette dernière société portent que chacune des œuvres nationales et internationales fédérées à la Société universelle, est autorisée à porter dans son titre le nom de Société de la Croix-Blanche de Genève.

Des associations ont une devise qui exprime leur but, leur caractère ou leurs moyens et une marque distinctive imprimée sur leurs publications (Société de la Croix-Blanche : *Viribus faederatis*. Institut international de bibliographie : *Qui scit ubi scientia habenti est proximus*). Certaines associations ont un emblème, ainsi la Croix-Rouge, la Croix-Blanche. En pays ottoman, l'emblème des sociétés fédérales de la Croix-Blanche peut être le croissant blanc; en Perse, le soleil blanc; en Chine, le dragon blanc ou telle autre couleur demandée par le gouvernement chinois.

Des associations donnent à leurs membres des insignes ou décorations, spécialement au moment des congrès. Certaines délivrent des cartes d'idendité (Association internationale de la presse médicale, Bureau international des associations de la presse).

**Régime juridique.** — Le régime juridique des associations soulève la question de leur droit à exister et à agir en tous pays, à y tenir des réunions de leurs membres, à faire paraître librement leurs publications, à pouvoir exercer tous les droits civils économiques que l'on comprend sous le nom de personnification civile : propriété de leur patrimoine, droit de contracter, de recevoir, d'ester en justice, responsabilité corrélative à ces droits.

Jusqu'ici il n'existe, ni dans les législations nationales ni dans le droit international, des dispositions juridiques propres aux Associations internationales. Ce sont les dispositions particulières insérées dans les conventions internationales ou les applications tirées des règles nationales sur les associations en général qui règlent leur statut.

En France, les Associations internationales peuvent être reconnues établissements d'utilité publique (Bureau international des poids et mesures). En Suisse, elles peuvent obtenir la personnalité civile aux termes de l'article 716 du Code fédéral des obligations et être inscrites au Registre du commerce (Société universelle de la Croix-Blanche).

La gestion économique de certaines associations a été assumée par des gouvernements ou des particuliers. Ainsi le Bureau international pour la publication des tarifs douaniers est géré par le Ministère des Affaires étrangères de Belgique; l'Office postal international fonctionne sous la haute surveillance d'une administration postale désignée par le Congrès. En Suisse, l'Institut international des classes moyennes a désigné un directeur qui le représente vis-à-vis des tiers, même pour les questions financières.

En Belgique, le Parlement est saisi d'un projet de loi ayant pour objet spécial la personnification civile des associations internationales (¹).

-----

(¹) Chambre des Représensants. Séance du 26 juillet 1907. Proposition de loi tendant à accorder la personnification civile aux Associations internationales à

Au régime juridique des associations se rattachent, entre autres, les questions de la capacité des personnes morales étrangères, du droit d'auteur des associations sur leurs publications, du statut des fonctionnaires attachés aux bureaux officiels : ainsi l'on s'est demandé si les fonctionnaires de l'Institut d'agriculture de Rome pouvaient être astreints à payer l'impôt sur le revenu. S'y rattachent également la question de la copropriété des collections et des fonds internationaux, celle de la limitation de la responsabilité personnelle des membres et de leurs engagements quant aux dettes et charges sociales : cette dernière clause est notamment insérée dans les statuts de la Société universelle de la Croix-Blanche.

### Relation des Associations avec les États. — Les

Associations internationales ont des relations avec les États. Ces relations sont multiples. Elles visent la participation des États aux associations comme membres de celles-ci, leur patronage, l'accueil fait aux propositions et aux vœux transmis par les associations, le régime juridique des associations tel qu'il est réglé par les États, les avantages et les faveurs consentis au point de vue des subsides, des locaux, des services du personnel.

### Siège des Associations. Locaux. — La plupart des

associations ont un siège central. Il en est cependant qui n'ont pas de centre pour leurs opérations (Union pour les échanges internationaux). Le siège est souvent itinérant. Un relevé portant sur 112 Associations internationales avec bureau permanent, révèle que 29 n'ont pas de siège fixe, 8 sont domiciliées en Allemagne, 3 en Angleterre, 15 en France, 2 en Hollande, 13 en Suisse, 42 en Belgique.

Les réunions du comité ont lieu au siège du bureau. Parfois,

---

but scientifique. Rapport fait au nom de la Commission spéciale par M. Tibbaut. Le projet de loi, en dix-huit articles, consacre le régime de la plus grande liberté d'action et le droit de recevoir des dons et legs.

à la requête de la majorité des membres, elles peuvent avoir lieu dans une autre localité (Union interparlementaire ; Bureau central des associations de presse).

La plupart des congrès, même si leur bureau permanent a un siège fixe, tiennent leurs sessions alternativement dans les grandes villes d'Europe et d'Amérique. C'est ordinairement dans la séance de clôture des congrès que l'on fixe le siège de la prochaine réunion. L'Association internationale des académies a un siège itinérant.

Les motifs du choix d'une ville comme siège permanent sont nombreux : causes d'ordre géographique, telle que la situation centrale d'un continent ou d'un carrefour de nations ; d'ordre politique, comme la neutralité ; d'ordre scientifique, comme l'existence d'institutions connexes ou d'autres associations internationales pouvant apporter une aide indirecte, des facilités de travail ou des faveurs spéciales des gouvernements ; d'ordre économique, comme le bon marché de toutes choses et partant la diminution des frais d'un établissement international ; d'ordre linguistique, pays à plusieurs langues nationales ; d'ordre historique, traditions internationales du pays. Certaines villes ont été plus spécialement choisies pour siège des institutions internationales. Ce sont Bruxelles, Berne et plus récemment La Haye ([1]).

Les congrès occupent des locaux mis temporairement à leur disposition. Les grands congrès sont répartis parfois en plusieurs locaux en une même ville : ainsi le Congrès historique à

---

([1]) A cette question se rattache celle discutée sous les titres de : « Ville internationale » et « Capitale du monde ». Voir notamment le projet ancien de maintenir en permanence la rue des Nations, à Paris, le projet de ville à La Haye-Scheveninghe. — Déjà Napoléon avait esquissé des projets pour faire de Paris, la « Capitale du monde ». Voir RAMBAUT, *Histoire de la civilisation contemporaine en France*, p. 239. — OTLET, PAUL, *Bruxelles, capitale du Monde*. (COURRIER DE LA CONFÉRENCE DE LA HAYE, 1907 ; — *Notice sommaire sur les Institutions internationales ayant leur siège en Belgique*, publication n° 87 de l'Institut international de Bibliographie, 1907.

Berlin, 1908, siégea en même temps à la Chambre des députés, au Musée d'Art industriel, à la Philharmonie.

Les sièges fixes sont tantôt indépendants, tantôt rattachés à une institution existante (Association géodésique domiciliée à l'Institut géodésique de Prusse, à Potsdam).

La question des locaux et des installations matérielles a grande importance. La formation de collections, l'organisation de services généraux, l'exécution de travaux confiés à un personnel salarié nombreux ne peuvent se réaliser que dans un milieu matériel bien approprié. Certaines associations ont leur domicile chez leur secrétaire, d'autres occupent des locaux indépendants (Palais de la Paix à La Haye, Palais des Républiques américaines à Washington, tous deux dus à la munificence de M. Carnegie). La Confédération suisse loue des locaux aux Bureaux internationaux à Berne. Le Gouvernement belge s'est préoccupé de donner des locaux aux secrétariats des associations internationales domiciliées à Bruxelles. Plusieurs y sont installées dans le palais des Musées royaux, dans les locaux de l'Institut international de bibliographie. Il a été décidé de les loger dans le palais du Mont des Arts et des Sciences où elles seront les unes à côté des autres, de manière à pouvoir organiser des services communs avec un minimum de dépenses et un maximum de rendement. Elles y seront à proximité des grandes collections que doit loger le Palais, notamment la grande Bibliothèque centrale (¹).

**Régime financier**. — Les ressources financières des associations sont les contributions des membres et des sections nationales ; les subsides, dons, legs, fondations ; les produits

---

(¹) Voir discours du Baron Descamps, Ministre des Sciences et des Arts, à l'inauguration de la Bibliothèque collective des Sociétés savantes reproduit dans l'*Annuaire de la Belgique scientifique, artistique et littéraire*, 1908. p. xxxv ; et l'introduction du *Mouvement scientifique en Belgique*, Bruxelles, Société belge de librairie, 1907, p. xv.

de la vente et des souscriptions d'imprimés, les taxes et abonnements aux services organisés, les revenus des biens de toute nature leur appartenant, les reliquats des congrès antérieurs, etc.

Des subventions ou allocations des États sont données même aux associations internationales libres (Bureau international contre l'alcoolisme, Bureau permanent international de la Paix.

Voici la dotation annuelle en francs de quelques bureaux internationaux officiels : télégraphie, 100,000 ; tarifs douaniers, 125,000 ; propriété industrielle, 60,000 ; propriété artistique, 60,000 ; transports internationaux, 100,000 ; hygiène publique, 150,000.

La Commission pénitentiaire internationale a un budget de 8,000 à 15,000 francs, formé par les contributions des États à raison de 25 francs au minimum et 50 francs au maximum par million d'habitants. L'Association internationale pour la protection légale des travailleurs a porté à son budget en 1908 53,250 francs. Les cotisations des membres de l'Alliance coopérative internationale ont produit 4,593 £ 19 s. Le capital de l'Association internationale des Académies est de 11,432 couronnes d'Autriche. Le Fonds Nobel pour la Paix possède un capital de 28 millions de couronnes environ. Le fonds en nature de l'Institut international de Bibliographie est composé de ses collections formées à l'aide des cotisations des membres, des subsides gouvernementaux et des donations des membres protecteurs.

Des libéralités sont faites aux Associations internationales et aux œuvres qu'elles ont entreprises. Elles s'inspirent des sentiments humanitaires les plus élevés et d'une conscience très claire du grand rôle que l'organisation internationale est appelée à jouer dans l'humanité. Parmi les mécènes de l'internationalisme, il convient de citer les Nobel, les Carnegie, les Solvay. Beaucoup de donataires de moindre importance ont alimenté les budgets des associations. A chaque grand congrès international, il est de règle que des donations et souscriptions soient sollicitées par le comité local d'organisation dans le pays où se tient le congrès. Les gouvernements font aussi œuvre de libéralité. Le Gouvernement américain a voté la somme d'un million de francs pour l'organisation du Congrès international de la tuberculose (Washington, 1908), et les médecins américains ont souscrit deux millions et demi pour recevoir leurs collègues du monde entier et pour la fondation de prix. Le Gouvernement français, en 1909, a donné un subside de 60,000 francs pour l'organisation du congrès de l'Institut international de statistique.

Plusieurs systèmes financiers sont en présence dans les associations officielles : *a*) Système de cotisations annuelles payées par chaque État adhérent au prorata de certaines bases présumées être indicatrices de l'intérêt qu'il a à l'union : population, montant des importations et exportations, etc.; *b*) souscription par les États adhérents aux publications faites en coopération (International Catalog of scientific litterature); *c*) constitution d'un fond de premier établissement (Bureau international des poids et mesures); *d*) avances faites par un des États (Bureau international des Républiques américaines).

Dans le système des cotisations annuelles, les États sont répartis en quelques catégories. Chaque catégorie intervient dans les dépenses à raison d'un nombre fixe d'unités (par exemple, s'il y a six catégories, 25, 20, 15, 10, 5, 3 unités). Dans certains cas il est loisible à tout État de s'inscrire dans l'une des catégories : il fixe ainsi sa propre cotisation dont dérive le nombre de ses votes (Office international d'hygiène publique). Dans d'autres cas, au contraire, la catégorie à laquelle appartiennent les États est déterminée *ne varietur* par l'application de certaines bases. Ainsi, par exemple, dans l'Association pour la protection de la propriété industrielle, les cotisations sont établies comme suit :

1<sup>re</sup> classe 25 unités, France, Italie.
2<sup>e</sup>   —   20   —   Espagne.
3<sup>e</sup>   —   15   —   Belgique, Brésil, Portugal, Suisse.
4<sup>e</sup>   —   10   —   Pays-Bas.
5<sup>e</sup>   —   5   —   Serbie.
6<sup>e</sup>   —   3   —   Guatémala, Salvador.

Pour le Bureau des poids et mesures, la contribution des États a été établie d'après une échelle basée sur leur population. Le chiffre de la population, exprimé en millions, est multiplié par le coefficient 3 pour les États dans lesquels le système métrique est obligatoire; par le coefficient 2 pour ceux dans lesquels il n'est que facultatif; par le coefficient 1 pour les autres États.

La fixation des cotisations au moment où les conventions sont conclues, est simplement indicative. Elle est déterminée lorsque toutes les adhésions sont devenues définitives. On stipule tantôt qu'en aucun cas les chiffres ne pourront subir de majoration pendant la durée de la convention (Traduction des Tarifs douaniers), tantôt un maximum susceptible d'être élevé par décision d'une conférence ultérieure (Propriété artistique et littéraire, protocole du 9 septembre 1886).

Bien que les budgets des États soient votés annuellement par les Parlements, les États s'engagent généralement à payer les cotisations stipulées pendant une durée de plusieurs années.

La cotisation des associations unies est parfois proportionnelle à la cotisation payée par leurs membres : ainsi un quart de cette cotisation est attribuée au Bureau central des Associations de Presse.

En général, les membres d'une association internationale n'ont pas à payer une cotisation spéciale pour les congrès. Parfois, au contraire, ils doivent encore acquitter une taxe d'admission spéciale au congrès (Bureau central des Associations de presse).

Les statuts de l'Union sucrière ont stipulé que le payement des cotisations se fait entre les mains du Ministre des Affaires étrangères ou de son délégué du pays où siège le Bureau, payement annuel en monnaie ayant cours légal dans le pays du siège. Les dépenses du Bureau international télégraphique et du Bureau international postal sont avancées par la Confédération suisse et remboursées par les administrations adhérentes.

Des difficultés surgissent pour le paiement des cotisations des États : pour l'International catalogue of Science, ces difficultés ont fait l'objet d'une longue discussion. Elles ont été reconnues inhérentes entre autres au système de comptabilité publique de divers pays qui ne peuvent payer qu'après réception des publications souscrites.

L'année de gestion, ou année fiscale, commence, en général, le 1er janvier et finit le 31 décembre. Certains congrès publient leurs comptes dans leurs actes. En Angleterre, les comptes sont certifiés conformes par les comptables officiels (Chartered Accountants). La liste des donations est quelquefois publiée (International moral education Congress, 1908).

Un fonds de garantie est parfois formé par les sociétés qui organisent des congrès. Certaines associations cherchent à pourvoir à la formation progressive d'un fonds dont les revenus suffiraient pour faire face aux dépenses des services réguliers de l'Institut (Institut de droit commercial). En général, les sommes non employées de l'exercice écoulé peuvent servir à constituer un fonds de réserve destiné à parer aux dépenses imprévues, réserve parfois limitée à un maximum (Traduction des Tarifs douaniers).

**Évolution interne des Associations**. — Les associations évoluent. Leurs organes et leur but se transforment. On assiste au passage des formes primitives, réunions temporaires, simple convention, congrès à dates espacées et irrégulières, à la forme développée d'institution permanente dont chaque organe est établi en fonction des besoins nouveaux.

Les grandes lois d'évolution des organismes, et spécialement des organismes sociaux, se confirment ici : simples actes devenant réguliers, s'ordonnant en fonction et donnant lieu finalement à des institutions ; mouvement de développement de la structure dans la direction d'un type plus élevé ayant une différenciation plus grande et une intégration plus complète de ses parties.

Les organismes internationaux s'accroissent. Le nombre de leurs membres augmente : ainsi l'Union postale a commencé avec 30 membres; elle en a 61 aujourd'hui, embrassant tous les États à l'exception de trois. La première Conférence de La Haye n'avait que 38 membres, la deuxième 44. Les associations internationales ont une fréquence de réunions plus grande, plus de sessions. Leurs fonctions s'intègrent : ainsi le Bureau des Républiques Sud-Américaines n'avait au début que des fonctions purement économiques; aujourd'hui, il a en outre des fonctions politiques et d'ordre intellectuel; la convention du mètre s'étend à de nouvelles mesures, telles que le carat. Depuis 1906, tout ce qui concerne la radiotélégraphie est entré dans la sphère d'activité du Bureau international de l'Union télégraphique. Leurs fonctions se coordonnent : ainsi l'Institut de Droit international s'entend avec l'Association américaine du droit international.

Les associations se transforment. L'une prend la place des autres. Ici, comme dans tout le domaine social, agit la loi de la concurrence, de la lutte pour la vie; mais tant que la permanence du besoin subsiste, des associations nouvelles prennent la place des anciennes. Les congrès internationaux se transforment en associations permanentes. Des organismes privés se transforment en organismes officiels. A la place de la réglementation de l'activité nationale succède celle de l'exécution directe internationale.

Les comités internationaux permanents ne virent le jour dans plusieurs congrès que bien des années après la création de ceux-ci. De même les bureaux internationaux au sein des congrès (Bureau socialiste international).

Le but général des associations se modifie aussi. Les fonctions d'information, de renseignements, de documentation ne figurent pas dans les statuts des plus anciennes associations, mais prennent une place importante dans ceux de création plus récente. Les associations créées profitent de l'expérience de leurs prédécesseurs. Elles réalisent des types nouveaux ayant une tendance plus organique à donner une part prépondérante à l'élément privé sur l'élément officiel, à donner plus d'importance aux associations fédérées (Institut international des classes moyennes).

Les modifications aux associations sont tantôt prévues aux conventions et opérées selon un mode réglé d'avance; tantôt elles se produisent librement, les statuts étant suffisamment larges pour permettre, sans qu'on les modifie, de grandes transformations lentes et spontanées.

**Dissolution, fin des Associations.** — La durée des associations est tantôt déterminée, tantôt illimitée, tantôt minimale avec tacite reconduction. Les durées fixes varient : cinq ans, sept ans (Office international d'hygiène publique).

En général, le retrait des associés ne met pas fin aux associations. Les dénonciations n'ont d'effet qu'à l'égard des pays qui les font, la convention restant exécutoire pour les autres pays de l'Union. Parfois il y a détermination du nombre de participants qui peuvent se retirer sans que l'association soit dissoute entre les autres (Bureau des Républiques américaines).

Des associations disparaissent sans qu'aucun acte positif ait mis fin à leur existence. D'autres, qui ont disparu, renaissent sous d'autres formes : ainsi, l'Institut international de statistique, qui a pris la place des anciens Congrès, mais après un intervalle de plusieurs années. Les défauts que l'on avait reconnus au Congrès étaient : l'invasion de l'élément profane, non technique; les changements trop fréquents dans le personnel de la direction empêchant la continuité des travaux; les relations trop étroites avec les Gouvernements empêchant de discuter librement les questions.

Certains congrès ne sont qu'en léthargie. Ainsi le Congrès international des Bibliothécaires de Paris, 1900, avait décidé de tenir une session en 1905. Elle ne fut pas convoquée. Un groupe nouveau a pris l'initiative d'un Congrès à Bruxelles en 1910 et la Commission organisatrice du Congrès de 1900 a passé ses pouvoirs à celle du Congrès de 1910.

La dissolution anticipée est entourée de formalités parfois rigoureuses et des majorités spéciales sont requises. Après la dissolution il y a liquidation et répartition de l'avoir : tantôt elle est faite entre les membres (Bureau central des Associations de Presse); ailleurs le fonds commun est partagé entre les États participants, sur la base des cotisations annuelles (Union des tarifs douaniers). L'État qui a avancé les frais des installations, etc., les reprend (Associations pour les classes moyennes). Il est souvent stipulé que le pays qui se retire de l'Union avant sa dissolution complète, perd ses droits de copropriété dans les archives et le fonds commun (Union sucrière). Beaucoup de statuts remplacent le partage du fonds commun par une dévolution à des institutions similaires. Souvent toutes les parties de l'association internationale ne se développent pas en même temps, les unes progressent, les autres s'atrophient ou végètent. Il y a là comme une fin particlle de l'association, une dégénérescence.

# III

# Les activités diverses des Associations internationales.

Le champ d'activité des Associations internationales est des plus vastes. Nous examinerons les principales branches d'activité communes à toutes les associations ou à plusieurs d'entre elles ou susceptibles de le devenir : travaux scientifiques en collaboration, réglementation, subvention, prix, concours, budget international, système d'unités, publication, enseignement, collections et instituts, exposition, langage international, statistique, bibliographie et documentation, nomenclature et classification.

**Travaux scientifiques en collaboration.** *Recherches systématiques. Réseau de stations scientifiques. Enquêtes internationales.* — Un objet d'étude est spécifié, une méthode formulée, un plan arrêté, les tâches sont ensuite distribuées entre les travailleurs, soit directement ou par l'intermédiaire des établissements ou des corps auxquels ils sont rattachés.

Il existe des types complets d'organisation du travail : recherches systématiques sur le soleil (Association internationale des Académies), mesure de la terre (Association géodésique internationale), étude systématique des régions polaires (Institut polaire international), étude biologique et géophysique de l'Atlantique et de la Méditerranée (Commissions internationales désignées toutes deux par le Congrès international de géographie).

Les recherches et les travaux systématiques sont généralement confiés à des commissions spéciales. Ainsi, l'une des premières commissions créées par l'Association internationale des Académies a pour mission « de discuter les moyens de faire avancer les études en commun sur l'anatomie du cerveau et la formation d'un système international d'établissements destinés à rassembler, d'après des principes uniformes, le matériel d'observation ».

Des ententes internationales délimitent la sphère des études. L'Institut historique de Rome, fondé en 1883 par la Goerres-Gesellschaft, s'est mis d'accord avec la Société Royale de Prusse pour délimiter les recherches relatives à l'histoire de l'Église, et a pris en partage les rapports de la Papauté avec l'Allemagne.

L'Association internationale des Académies s'est assigné spécialement pour but « de préparer ou de promouvoir des travaux scientifiques d'intérêt général qui seront proposés par une des Académies associées ». Un grand nombre de travaux et d'institutions poursuivant des recherches systématiques sont placés sous le patronage de cette association ou sont entrepris avec son appui et son approbation morale (Union internationale des recherches solaires; Institut international de physiologie Marey; Catalogue international de la littérature scientifique).

C'est la constitution de toute une science que poursuivent certaines associations. Ainsi, aux termes de ses statuts, l'Institut de droit international « travaille à formuler les principes généraux de la science de manière à répondre à la conscience juridique du monde civilisé ».

De grandes enquêtes collectives internationales sont mises en mouvement pour réunir les matériaux d'étude (Enquête de l'Institut international d'Art public).

L'exécution des grands travaux à réaliser par le concours de toutes les nations est fréquemment proposée par les congrès internationaux. Ainsi l'exploration des terres antarctiques (Congrès international de géographie).

Des réseaux de stations scientifiques sont établis pour des observations similaires et concertées. Leurs efforts coordonnés enrichissent rapidement les connaissances sur un objet spécial. Ce sont généralement des établissements scientifiques existants qui acceptent d'organiser chez eux une station spéciale ou de conduire leurs travaux propres conformément aux décisions délibérées en commun (Carte photographique du ciel, stations sismologiques).

Les travaux poursuivis en collaboration exigent toute une organisation et une administration. Il y a lieu de dresser un programme des travaux à faire et un inventaire du travail fait (Institut international de Bibliographie) ; de créer des organes de travail tout à fait spéciaux (Bureau des calculs mathématiques de Budapest pour le dépouillement des sismogrammes, organisé par l'Association internationale de sismologie) ; de fixer des règles et de donner les instructions nécessaires pour la conduite du travail : ainsi la Société universelle de la Croix-Bleue cherche à coordonner les statistiques de manière à permettre une connaissance minutieuse et constante des mouvements nosologiques suivant un formulaire universel.

**Réglementation.** — La réglementation est une des tâches principales des associations dont l'objet est l'organisation de l'activité humaine. Il y a lieu de distinguer la réglementation officielle ou juridique et la réglementation conventionnelle.

Un des buts des associations officielles est d'organiser juridiquement les relations des États entre eux et celles des personnes appartenant à divers États : assurer réciproquement à leurs nationaux à l'étranger, dans la mesure jugée opportune, les bénéfices des institutions nationales et simplifier les formalités internationales, et à cette fin établir des conventions dont l'observance est obligatoire dans tous les pays qui ont adhéré à la convention. D'importants domaines du droit civil, du droit commercial, du droit maritime, du droit pénal, du droit administratif et du droit de la guerre font aujourd'hui l'objet de la législation internationale.

Quant aux organismes libres, ils agissent par l'adoption de règlements obligatoires pour toutes les associations affiliées et pour lesquelles des sanctions variées sont stipulées, telles que l'exclusion, l'amende conventionnelle, etc. De cette espèce sont les règlements internationaux des associations touristes et les règlements spéciaux qui régissent les épreuves et les concours sportifs (Règlements des Coupes Gordon-Bennett arrêtés par la Fédération aéronautique internationale).

Beaucoup d'associations ont pour but de faire reconnaître une seule autorité dans chaque pays et une seule autorité internationale, de manière à donner une sanction aux mesures de réglementation édictée. Ainsi la Fédération aéronautique internationale ne reconnaît qu'une seule autorité sportive par pays.

Beaucoup d'associations internationales ont pour but non de légiférer elles-mêmes, mais de préparer des projets de traités qui sont ensuite présentés aux États pour qu'ils en fassent la base de conventions internationales (Institut de droit international, Association internationale de droit maritime, Association internationale pour la protection des travailleurs, Institut de droit colonial).

En certaines matières, la réglementation très détaillée a abouti à de véritables codes internationaux (Codification des conventions internationales sanitaires. Code du transport par chemin de fer pour le trafic international). Les travaux privés de codification entrepris par les associations privées préparent la voie aux travaux officiels (Codification des méthodes d'analyse des denrées alimentaires). Une fois la codification faite, si l'accord ne peut se réaliser immédiatement et directement sur le terrain légal, on voit l'entente s'établir au moins partiellement parmi les spécialistes et ainsi, en attendant la loi, s'établit la coutume.

L'étude de la législation comparée figure dans l'objet d'un grand nombre d'associations. Leurs statuts stipulent qu'elles ont à recueillir les lois, règlements organiques, projets de loi relatifs à leur matière, à les traduire, à les publier dans leur Bulletin.

Certaines associations se bornent à émettre des vœux en faveur de la législation internationale (Institut international de statistique).

L'œuvre de réglementation porte parfois sur l'élaboration d'un contrat privé type dont les clauses soient susceptibles de s'harmoniser avec toutes les législations nationales (Contrat d'édition type élaboré par le Congrès international des éditeurs).

**Subventions. Prix. Concours.** — L'encouragement aux recherches et travaux entrepris par des particuliers, est réalisé par certaines associations qui n'ont pas de programme de travail défini, mais qui désirent encourager les efforts d'autrui. Ces subventions sont données, tantôt sous forme de subsides à des travaux à faire, tantôt sous forme de prix attribués au concours pour des travaux réalisés (Institut Nobel, Association internationale des Académies, Fonds Élisabeth-Thomson, Association géodésique internationale, Institut international des classes moyennes). La Fédération aéronautique internationale propose de créer un ensemble de prix d'une valeur de 1,200,000 francs dont les fonds seront fournis par les associations nationales au prorata de leur importance. De nombreux concours ont été institués, tel celui sur le saturnisme par l'Association internationale pour la protection des travailleurs.

**Budget international.** — Les œuvres internationales ne peuvent se réaliser sans moyens financiers. On peut considérer le budget de chaque association comme un budget international spécial.

Certaines associations se sont proposé comme objet nettement spécifié la formation d'un budget international. Ainsi les statuts de la Société universelle de la Croix-Blanche stipulent que la société a notamment pour but de « démontrer aux nations la nécessité de s'unir entre elles pour créer et alimenter à frais communs, par des prélèvements sur les droits sanitaires ou autres, un fonds d'assistance internationale ou budget international de la santé publique ».

La Conférence de la Paix a été sollicitée par des associations pacifiques, d'émettre le vœu de voir les États constituer, parallèlement à leur budget de la guerre, un budget de la paix, tendant au développement des institutions internationales et rattaché au budget des affaires étrangères.

**Système d'unités**. — Les ententes conventionnelles à ce sujet entrent parmi les objets propres aux associations internationales.

C'est Chrétien Huygens qui, le premier, proposa une unité de mesure universelle (la longueur pendulaire de la seconde). A la fin du XVIII<sup>e</sup> siècle, une Commission de l'Académie des sciences fit les travaux préliminaires à l'établissement du mètre et une Commission internationale fut associée à ses travaux. Au cours du XIX<sup>e</sup> siècle, le système métrique fut adopté dans presque tous les pays à l'exception de l'Angleterre, des États-Unis et de la Russie. En 1875 fut conclue la Convention internationale du mètre. En 1881, à l'occasion d'une exposition d'électricité à Paris, on accepta le système du centimètre, gramme, seconde (C. G. S.), comprenant comme unité de longueur le centimètre, comme unité de masse, le gramme, comme unité de temps, la seconde.

Non seulement le système métrique et le système décimal n'ont pas encore été universellement acceptés, mais il s'en faut qu'ils aient reçu leur complet développement interne. On s'efforce d'en obtenir l'extension logique à toutes les parties du système : ainsi, par exemple, la division centésimale de l'angle droit et du temps. On s'efforce aussi de l'appliquer dans tous les domaines ; ainsi l'Association stomatologique internationale a nommé une commission « pour fixer des types universels de toutes les mesures spéciales à la stomatologie, la jauge, etc., sur le type décimal ».

Des unités photographiques ont été arrêtées par les congrès internationaux de photographie de 1891, 1900, 1907. Le Congrès international de physiologie a constitué en 1898 une Commission pour l'étude des moyens « de rendre comparables entre eux les divers inscripteurs physiologiques et, d'une façon générale, d'uniformiser les méthodes employées en physiologie ». En matière de statistique, l'Institut international de statistique s'efforce d'introduire partout « l'unification et d'arrêter par des ententes internationales les méthodes uniformes selon lesquelles doivent être enregistrés et groupés les éléments numériques des faits afin de permettre leur comparaison ». En matière de documentation, l'Institut international de bibliographie a élaboré un système d'unités, fiches et classification. En matière technique, l'unification des méthodes conduit au grand résultat de l'interchangeabilité des pièces et des éléments à travers tous les pays (Unification internationale des vis et filetage; Entente internationale pour l'unité technique en matière de chemins de fer : écartement des voies, gabarit des voitures, etc.). On a aussi cherché l'unification des méthodes d'essai Association internationale pour l'essai des matériaux, Congrès international du pétrole).

Un système d'unité chronologique existe, mais il n'est pas encore universel (Calendrier russe), et il est arbitraire en certaines parties. Le Congrès des Chambres de commerce a émis un vœu en faveur de la fixité du jour de Pâques. Le numérotage des heures du jour de 1 à 24 heures n'est pas encore généralisé, mais les fuseaux horaires ont été unifiés à base du méridien de Greenwich (Heure universelle). Une unification des symboles des quantités physiques et des abréviations de ces unités a été recommandée lors du Congrès international des ingénieurs à Chicago (1893). La Société internationale électrotechnique poursuit la standardisation « dans tous les domaines des sciences pures et appliquées ». En matière de transports, de poste et de télégraphe, on a cherché à unifier en grande partie les prix et les taxes. On a émis des vœux en faveur de l'emploi du degré centigrade (Congrès international de géographie). L'unification du point typographique, sans être complète, a donné lieu cependant à quelques grands systèmes, et il existe des projets de classement international des caractères d'imprimerie. Des congrès professionnels ont demandé l'unification des pointures des objets d'habillement, chaussures, linge, etc.

Après que des unités ont été arrêtées, il y a lieu d'assurer l'exactitude des duplicata des mesures. Ainsi le Bureau international des poids et mesures est chargé de toutes les comparaisons et étalonnages à base du mètre. L'Institut Marey agit de même pour tous les instruments de physiologie.


**Publications.** — Il appartient aux Associations internationales d'entreprendre de grandes publications d'utilité mondiale, dont l'importance dépasserait les forces isolées des particuliers et même des groupements nationaux. Plusieurs associations sont entrées dans cette voie et agissent comme de véritables éditeurs ou directeurs de publications ; ainsi le Bureau international des administrations télégraphiques a publié des cartes télégraphiques, une statistique comparative de la télégraphie ; la nomenclature officielle des bureaux télégraphiques ; un vocabulaire du langage convenu (360,000 mots). Le Conseil international pour l'exploration de la mer a également fait des publications étendues.

L'objet même de certaines associations se borne à des publications (Union internationale pour la publication des Tarifs douaniers, Catalogue international de la Littérature scientifique).

Il existe aussi beaucoup de publications ayant un caractère nettement international, bien qu'elles n'émanent ni des grandes associations internationales, ni des congrès internationaux. Ce caractère leur est donné soit par la nationalité des auteurs, soit par l'objet de la publication, matériaux internationaux ou questions internationales, soit par leur destination, public auquel elles s'adressent à raison de la pluralité des langues employées.

On doit, dans une certaine mesure, considérer également comme association internationale temporaire, les collectivités formées pour la publication de grands ouvrages non périodiques.

Les principaux types de publications internationales sont les suivants :

*a) Annuaires internationaux*. Il existe pour un grand nombre de matières des annuaires internationaux publiés par les associations (Annuaires de l'Institut de Droit international et du Bureau international de la Paix). Ces annuaires contiennent notamment la liste des institutions et des personnes, la revue des faits principaux de l'année, des tables chronologiques de ces faits, l'indication des mesures d'organisation, la récapitulation coordonnée des conclusions et vœux du Congrès, etc. Un institut international est à même de recevoir de ses correspondants des renseignements statistiques et autres avant qu'ils aient paru dans les annuaires nationaux ; en outre, il y a grand avantage à réunir tous les renseignements similaires au lieu d'avoir à les chercher dans de multiples publications.

*b) Revues, Bulletins, Archives*. La plupart des associations publient un Bulletin. Ces bulletins tendent à devenir les organes d'information centraux et mondiaux de la spécialité, répandant toute nouvelle conquête de la science, tout nouveau procédé pouvant servir au développement général de la spécialité. Il existe de nombreuses revues internationales publiées indépendamment de toute association. Il en est parmi elles qui sont publiées en plusieurs langues : ainsi la revue *Epilepsia* (Paris) est publiée en trois langues, français, allemand, anglais ; chaque travail original est suivi d'un court résumé dans une de ces deux autres langues.

c) *Bibliographies.* Beaucoup de bibliographies sont des publications internationales, elles renseignent des ouvrages édités dans plusieurs pays, en plusieurs langues, ou émanant d'auteurs de nationalités différentes. Ces bibliographies sont souvent elles-mêmes publiées par des associations internationales : ainsi la bibliographie coopérative internationale, publiée par l'Alliance coopérative internationale, contient des ouvrages en vingt-cinq langues.

d) *Traités généraux, Encyclopédies.* L'Association internationale des Académies a entrepris la publication d'une *Encyclopédie de l'Islam.* L'Institut colonial international publie une *Bibliothèque coloniale internationale* contenant des lois, des règlements, des traités et autres documents officiels d'un intérêt général ou jugés de nature à intéresser les différentes colonies. L'*Encyklopedie der mathematischen Wissenschaften* a été entreprise par l'Académie de Münich et de Vienne et la Gesellschaft der Wissenschaften de Göttingen.

e) *Recueils.* Des recueils réimprimant des documents originaux, qu'il est utile de pouvoir consulter en collections complètes, sont publiés en collaboration internationale, notamment des *Corpus inscriptionum.* Ainsi l'Association internationale des Académies publie le *Corpus* des documents grecs du moyen âge et des temps modernes, l'édition critique du Mahabharata, le *Corpus medicorum antiquorum.*

*f) Traduction et coordination des documents officiels.* Les exemples sont nombreux : traductions publiées par l'Institut colonial international; horaire international des chemins de fer; recueil général de la législation et des traités sur la propriété industrielle. Jusqu'au 1ᵉʳ novembre 1909, le Bulletin international des douanes, publié par le Bureau international des tarifs douaniers, avait publié en cinq langues 407 tarifs dont 236 rééditions de certains de ces tarifs et 1,587 suppléments impliquant des modifications douanières. L'ensemble de cette collection forme 85 volumes de 900 pages en moyenne, soit plus de 75,000 pages.

Le Bureau des Républiques américaines a été invité par la Commission sanitaire panaméricaine à traduire et à publier une édition en langue espagnole de la Pharmacopée officielle des États-Unis.

*g) Tables et catalogues généraux.* La publication de relevés officiels des faits entre dans les travaux de l'association internationale (Publication de catalogues sismiques par le Bureau central de l'Association de sismologie ; Table internationale des poids atomiques publiée par la Commission internationale des poids atomiques).

*h) Codes télégraphiques.* Outre le vocabulaire télégraphique universel publié par le Bureau international des administrations télégraphiques, beaucoup d'associations internationales ont arrêté des codes télégraphiques spéciaux : ainsi le Code des télégrammes astronomiques, le Code pour les télégrammes internationaux de sismologie, le Code international des hôtels.

*i) Collections et Bibliothèques.* Il existe, publiées sous le titre général de Bibliothèque internationale, des séries ou collections d'ouvrages relatives à une même matière et dus à des auteurs de tous pays. Ainsi la *Bibliothèque sociologique internationale; l'International Bibliothek für Pädagogik und derer Hilfwissenschaften; The international Education series.*

*j) Autres publications.* Sont aussi à citer parmi les publications internationales : les nomenclatures, les vocabulaires, les recueils de statistique, les classifications. Les associations publient aussi un grand nombre de publications de propagande pour la diffusion et la défense de leurs idées. La publication d'un répertoire graphique qui indiquerait les progrès continus de l'exploration du monde entier a fait l'objet d'un vœu du Congrès international de géographie en 1908.

La question des langues a une grande importance dans les publications internationales. On a traité ci-après de cette question en général; signalons ici quelques faits : le Bulletin de l'Office international du travail est tiré en trois éditions distinctes, en allemand, en anglais et en français. Les publications de l'Institut colonial international sont faites à la fois en anglais et en français. Les articles de la Revue des congrès internationaux des habitations à bon marché peuvent être rédigés en allemand, en anglais et en français; ils sont insérés dans leur texte original et suivis tout au moins d'un résumé dans les deux autres langues. L'Institut international des classes moyennes publie un Bulletin mensuel en double édition : l'édition française a principalement pour but de faire connaître ce qui s'accomplit dans les pays germaniques, l'édition allemande est consacrée aux faits survenus dans les pays latins.

Les publications des Associations internationales portent souvent des titres latins : *Ornis* (Comité ornithologique international), *Tuberculosis* (Association internationale contre la tuberculose), *Jus Suffragii* (International women suffrage alliance), *Bibliographia Universalis* (Institut international de bibliographie), *Anthropos, ephemeris internationalis, ethnologica et linguistica* (Görres Gesellschaft).

Tantôt les publications sont réservées aux membres de l'association, tantôt elles sont aussi offertes en vente au public. La tendance actuelle est favorable à la vente simultanée au public et aux membres, mais avec prix différenciels.

Ainsi le Congrès international d'Éducation morale et sociale a réduit de 10 à 6 francs la cotisation pour les personnes qui, ne pouvant assister au Congrès, désirent recevoir les documents.

Le budget de certaines associations montre que leurs publications, loin de les constituer en perte, leur permet au contraire de réaliser certains bénéfices. Cela s'explique notamment par le nombre de leurs membres et par le fait que les grandes bibliothèques, aujourd'hui très nombreuses, doivent les posséder (Institut colonial international).

De grandes maisons d'édition ont apporté leur appui à certaines publications internationales. On a parfois exprimé le regret que de telles publications, dont l'influence peut être si considérable, ne soient pas entièrement soustraites à la spéculation commerciale. Mais à moins que les Associations internationales ne s'entendent entre elles pour créer quelque organisme coopératif chargé des fonctions de librairie, le concours des libraires leur est nécessaire pour la diffusion de leurs publications. En général, faute d'indication de libraire, il est bien difficile de se procurer les publications des associations internationales.

Des associations ont arrêté dans leurs statuts et règlements des dispositions sur la manière dont doivent être préparées et publiées leurs publications (Comité ornithologique international). La question s'est posée de savoir s'il fallait comprendre dans les publications des données sur les pays non adhérents à l'association. Le principe que l'intérêt à avoir un renseignement est aussi grand que celui de le donner, a souvent prévalu (l'Union internationale pour la publication des tarifs douaniers publie les traductions des tarifs des pays non adhérents au même titre que les tarifs des pays adhérents). Certains statuts détaillent ce que doit contenir le Bulletin (Institut international de statistique : compte rendu des décisions, rapports, travaux scientifiques en la matière, résumé des ouvrages, bibliographie, etc.).

La collaboration internationale aux publications doit s'opérer sur la base d'instructions et de règles visant le plan, la méthode, l'étendue du travail, etc. : ainsi la Société universelle de la Croix-Bleue a prévu l'établissement d'un « formulaire universel » pour les statistiques.

Les statuts de certaines associations prévoient que les publications de documents pourront être faites avec l'aide d'autres institutions similaires (Fédération internationale de la mutualité ; Institut international des classes moyennes).

Plusieurs sociétés s'entendent parfois pour publier ensemble des comptes rendus de congrès internationaux (Congrès international de Photographie).

**Enseignement.** — Les congrès s'occupent de l'enseignement de leurs matières (Congrès international de Botanique, Congrès international des mathématiciens). Il s'agit alors de discuter la place que la matière doit occuper dans les programmes généraux de l'enseignement, et d'examiner les questions de méthode, notamment l'unification de celles-ci. Il a été organisé aussi des cours internationaux (Société internationale pour le développement de l'enseignement commercial).

**Musées, Collections, Instituts, Laboratoires, Stations scientifiques.** — La facilité des communications permet d'organiser en coopération des collections internationales d'objets, notamment des collections de types ou standards. Certaines réalisations existent déjà dans cet ordre d'idées : le Musée de l'Association internationale des poids et mesures, à Paris ; la collection d'instruments de l'Institut Marey, à Paris ; les collections de l'Institut international de bibliographie, à Bruxelles ; le Musée d'économie domestique dont la fondation à

Francfort a été décidée par l'Association internationale des hôteliers, etc.

Certains statuts d'associations contiennent des dispositions explicites au sujet des collections : « La Société universelle de la Croix-Blanche fonde et subventionne elle-même les instituts, laboratoires de recherches ou de contrôle, dispensaires, offices, bureaux ou postes d'hygiène et de désinfection publique et privée, agences de transport et casiers sanitaires ». Un Musée international de la guerre et de la paix a été installé à Lucerne. Le Conseil permanent international pour l'exploration de la mer a établi un laboratoire central international à Christiania.

Les collections et établissements ainsi formés constituent une véritable propriété internationale, dont il y a lieu de se préoccuper, du régime juridique. (Le Bureau central de l'Association internationale de sismologie publie dans son rapport l'inventaire de ce qui appartient à l'Association : livres, sismogrammes, instruments.)

**Expositions.** — Les expositions organisées sur une base internationale sont devenues fort fréquentes. La liste en a été citée dans l'*Annuaire*, p. 1091. Une association internationale s'est aussi formée entre les Comités nationaux d'organisation des expositions, afin de réglementer tout ce qui les concerne, notament les définir et contrôler l'abus du titre. Le mot international introduisant des équivoques, on a cherché à établir une distinction des expositions en : 1º Expositions universelles et internationales (Expositions mondiales); 2ᵉ Expositions universelles internationales secondaires; 3ᵉ Expositions spéciales; 4º Expositions régionales.

On constate une certaine tendance, dans les expositions internationales, à substituer au classement par pays le classement par matières avec comparaison directe d'un pays à l'autre. C'est ce qui existe depuis longtemps pour les beaux-arts. On a organisé, dans cet esprit, une Section internationale des sciences à l'Exposition de Bruxelles, 1897. A l'Exposition de 1910, à Bruxelles, une section sera réservée spécialement aux Associations internationales.

Il a été organisé des Expositions internationales spéciales groupant des ensembles d'objets de même espèce, systématiquement ordonnés, et des Expositions dont les objets ont été présentés en bloc successivement dans diverses villes (Expositions internationales de photographie; Exposition internationale de géographie, à Venise, en 1881; Exposition de livres et d'images annexée au premier Congrès d'éducation morale, à Londres, en 1908; Exposition de matériel, d'objets scientifiques et d'ouvrages au Congrès international de chirurgie, à Bruxelles, 1908; Exposition annexée au Congrès international des bibliothécaires, à Londres, 1897).


**Langage international.** — Il est désirable que les débats des congrès internationaux, les correspondances, les voyages, la lecture des publications et, en général, toutes les relations internationales soient rendus plus faciles en écartant les obstacles de la diversité des langues nationales. Les Associations internationales sont directement intéressées à la solution de cette question ([1]).

A une époque où les langues modernes étaient informes, où, comme à l'époque de la renaissance, elles imitaient les modèles grecs ou romains, où personne n'avait la connaissance des langues étrangères, tous les clergés catholiques pouvaient correspondre et converser dans la même langue, le latin. Pendant la période moderne, c'est le français qui l'emporte comme langue internationale, et, par sa littérature brillante, pénètre

---

([1]) On donne les chiffres suivants comme nombre d'individus parlant les diverses langues : Anglais, 125,000,000; Allemand, 75,000,000; Russe, 65,000,000; Français, 55,000,000; Espagnol, 45,000,000.

chez l'étranger. Il fut un temps où la littérature française a été pour les lettrés, la langue commune, de même que l'esprit français était l'esprit universel. Le français était la langue diplomatique à l'exclusion de toutes les autres ; on le parlait couramment dans les salons de Prusse et de Russie. Pour le monde oriental, c'est l'arabe qui a servi et sert d'instrument d'internationalisme ; il pénètre d'autres langues : le turc, le persan, l'indoustan en remplissent la moitié de leur vocabulaire.

De nos jours plusieurs grandes langues revendiquent l'usage sur un pied d'égalité dans les relations internationales. Les langues courantes des congrès sont le français, l'allemand et l'anglais. Dans beaucoup de congrès, le président ou l'assemblée peuvent autoriser à s'exprimer dans n'importe quelle langue (Congrès de la Paix). Les résolutions ou amendements sont souvent traduits dans les langues courantes, bien que les procès-verbaux soient rédigés dans la langue officielle. Des traducteurs sont mis à la disposition des orateurs. Ceux-ci résument les discours. Dans certains congrès — ils deviennent rares — on traduit tous les discours en trois langues (Congrès de la Paix).

En fait, l'emploi des langues est généralement celui-ci : l'élément germanique ou nordique, si l'on veut, se sert de l'allemand ; le français est parlé par les Français, les Belges, une partie des Suisses, les Italiens et les Espagnols ; l'anglais, par les Anglais et les Américains du Nord, quelques scandinaves. On ne se sert presque jamais du latin. Les allocutions de bienvenue ou d'adieu du président sont fréquemment en plusieurs langues, suivant qu'il s'adresse aux diverses fractions de son auditoire (International moral education Congress, London, 1908 .

Les documents et rapports publiés par certaines associations sont imprimés en trois langues : anglais, allemand, français. Il en est de même pour les procès-verbaux des assemblées générales et des congrès, souvent réunis dans trois volumes distincts (Association internationale pour la protection de la propriété industrielle).

La législation a, dans les Congrès, à s'occuper de la question des langues. La Commission du Reichstag chargée d'examiner le projet de loi de M. de Bülow a été d'avis que la langue allemande devait être obligatoire dans toutes les réunions publiques, sauf les réunions électorales et les congrès internationaux.

Certaines associations ont adopté une langue officielle, tout en autorisant les autres langues. Ainsi la langue officielle de la Société théosophique internationale est l'anglais; la langue officielle de l'Alliance coopérative internationale est le français. Le règlement du Congrès international de zoologie, voté à Moscou en 1892, non modifié depuis, exige que les travaux présentés soient écrits en français. Toutefois, l'usage s'est établi d'accueillir également les mémoires écrits en allemand, en anglais et en italien. Le Congrès de 1900 à Paris a adopté un vœu tendant à l'adoption exclusive de la langue française comme idiome du Code international de nomenclature botanique.

Les précédents ont grande importance dans l'emploi des langues. Lors des conférences préparatoires de l'Union pour la publication des tarifs douaniers (1886), la question des langues en lesquelles seraient publiés les documents fut soulevée par quelques délégués. On préféra ne spécifier expressément aucune langue et s'en rapporter aux précédents des Bureaux de Berne.

Des associations ont entrepris certains travaux pour faciliter la conversation et la lecture. (Manuel polyglotte de la Ligue internationale des associations touristes.)

Les conditions propres à l'internationalisation parfaite de la langue empêchent de choisir une des langues naturelles comme langue internationale pour tout le monde. En effet : 1° Par là on favoriserait indûment un peuple aux dépens de tous les autres. On violerait ainsi le principe d'impartialité qui doit régner dans tous les rapports internationaux; 2° N'importe quelle langue est trop difficile pour tous les étrangers. Toutes les langues existantes fourmillent de difficultés de prononciation, d'orthographe, de grammaire, de lexique et surtout de phraséologie.

On a conclu de là à la nécessité d'une langue seconde, auxiliaire, simplifiée, la même pour tous. Un grand nombre de projets de langues internationales ont été proposés (plus de 200). L'esperanto, du D<sup>r</sup> Zamenhof, est le plus complet, le plus important, celui qui a obtenu le plus d'adhésions. Il est basé sur le principe du maximum d'internationalité des racines. En 1908, il y avait 1,029 sociétés espérantistes, dont 817 en Europe et 158 en Amérique. L'esperanto a son association internationale, son office central, son journal officiel, l'*Oficiala Gazeto esperantista*. Le nombre de journaux espérantistes, destinés la plupart à la propagande de la langue et publiés généralement en deux langues, c'est-à-dire une langue nationale en regard de l'esperanto, dépasse aujourd'hui 80. La délégation pour l'adoption d'une langue auxiliaire internationale, formée des représentants d'un grand nombre d'académies, d'universités et d'associations scientifiques, a décidé, en octobre 1907, « de l'adopter en principe à raison de sa perfection relative et des applications nombreuses et variées auxquelles il a donné lieu, sous la réserve de certaines modifications ». Les Associations internationales pourraient aider au développement de la langue internationale esperanto en en faisant usage dans leurs congrès, dans leur correspondance et dans leurs publications. Elles pourraient aussi coopérer à établir les traductions des vocabulaires techniques en langue internationale [1].

D'aucuns entrevoient une autre solution au problème de la

[1] Un service général de traduction en esperanto sera probablement organisé par l'Association scientifique espérantiste auprès des Congrès qui se tiendront à Bruxelles en 1910.

langue internationale, solution dans un avenir lointain. Ils pensent que par une sorte d'assimilation intuitive, des milliers de mots grecs et latins sont devenus compréhensibles pour des gens de différentes nationalité n'ayant fait cependant aucune étude spéciale des deux langues classiques, et qu'ainsi l'influence de celles-ci a été absorbée par les langues modernes. La résurrection du latin et du grec sous la forme de langue moderne serait donc en train de préparer une langue internationale par l'échange mutuel des mots. Cette langue ne serait pas le fruit du travail d'un seul homme, mais l'œuvre en commun des peuples, le produit des nécessités de la vie moderne. Tous les systèmes internationaux de nomenclatures et d'unités y contribueraient. On a fait observer, d'ailleurs, que de nos jours, les auteurs, même en ne s'exprimant qu'en leur langue nationale, ne s'adressent cependant plus uniquement à leurs compatriotes : les langues anglaise, française, allemande ne sont plus exclusivement celles de l'Angleterre, de la France, de l'Allemagne, mais elles sont devenues des langues universelles, lues et parlées par un public international.

A la question des langues se rattache celle des signaux visuels et auditifs. Il s'agit là d'un langage plutôt idéographique que phonétique et phonographique (Signaux maritimes. Code des quatre signaux universels à placer sur les routes selon le vœu du Congrès international de la route).

**Statistique.** — La statistique est l'aspect nombre sous lequel peuvent être envisagés la plupart des objets et des relations. Or, ces objets étant répartis à travers toute la terre, la connaissance du total mondial des unités ne peut être obtenue que s'il y a entente entre les institutions nationales sur des bases unitaires.

L'élaboration ou le contrôle de la statistique mondiale de chaque matière entre dans le domaine propre aux Associations internationales. Un grand nombre d'entre elles ont pris des mesures pour l'organiser. Ainsi la statistique internationale des mouvements nosologiques est publiée par la Société universelle de la Croix-Blanche; la statistique des associations coopératives des divers pays est publiée par l'Alliance coopérative internationale ; la statistique comparative générale de la télégraphie est publiée par le Bureau international des Administrations télégraphiques ; une statistique internationale du travail a été demandée par le Congrès international de la réglementation douanière.

Une conférence internationale diplomatique est projetée par le Gouvernement belge afin d'élaborer une statistique douanière internationale d'après une classification uniforme des produits. Le Congrès international des Chambres de commerce a émis plusieurs vœux en ce sens. On espère arriver à sa réalisation par la rédaction, comme supplément de la statistique douanière nationale de chaque pays, d'un tableau où seraient groupées, suivant des catégories qui seraient identiques pour tous les pays, les marchandises importées et exportées.

**Bibliographie et documentation**. — La bibliographie et la documentation prennent rang parmi les fonctions des associations internationales. Les documents (livres, revues, journaux, cartes, diagrammes, photographies, etc.) sont les instruments indispensables à la diffusion des idées et à l'action de ces associations qui ne peut s'exercer qu'à distance. Les Répertoires bibliographiques sont par excellence des entreprises qui unissent toutes les langues et nécessitent de recourir à une coopération étendue. La plupart des associations internationales ont prévu dans leurs statuts et organisé des services de documentation relatifs à leur spécialité.

Leurs bureaux permanents ou offices sont des organes chargés de recruter les documents et de fournir des informations, des renseignements. Ces offices ont alors des archives organisées (Bureau international de la Paix, Union monétaire latine,

Bureaux de Berne pour la propriété industrielle et pour la propriété littéraire, Ligue internationale contre l'abus des boissons spiritueuses, Institut international des classes moyennes, Institut colonial international, Conférence internationale des syndicats ouvriers, Bureau socialiste international, Union interparlementaire, Fédération internationale de la mutualité, etc.).

La formation de bibliothèques composées d'ouvrages relatifs à leur spécialité a été expressément prévue dans les statuts de plusieurs associations internationales (Union internationale des sociétés éthiques; Comité Nobel; Institut international d'agriculture). Certaines associations publient des bibliographies de la matière (Alliance coopérative internationale, Institut international de statistique, Comité permanent du Congrès international des chemins de fer). D'autres associations se bornent à encourager ou à patronner des entreprises bibliographiques : le Congrès international de Zoologie patronne le *Concilium bibliographicum* ; l'Association internationale des Académies patronne le Catalogue international des sciences.

Des congrès ont créé dans leurs réunions des sections de de bibliographie et de documentation (Congrès international des Sciences administratives; Congrès international de Botanique; Congrès international de photographie; Congrès international d'éducation familiale, etc.). Ces congrès cherchent à réunir et à organiser toute la documentation relative à la matière.

Des offices internationaux ont été spécialement créés pour la documentation dans certaines branches (Office international de documentation de la chasse et de la pêche, Institut international de photographie documentaire, etc.). Il a été présenté un projet de création d'un Bureau international de consultation géographique au profit du commerce (Congrès international de géographie de 1908).

Des conventions ont été conclues, relatives au prêt international des manuscrits et des ouvrages imprimés. L'Association internationale des Académies s'est spécialement occupée du prêt des manuscrits. Des conventions internationales règlent les échanges littéraires entre associations et institutions des différents pays.

L'échange des documents est organisé entre les associations affiliées dans la plupart des fédérations. Il est souvent obligatoire (Fédération des libres penseurs).

Au sixième Congrès international de statistique (Florence, 1867), les délégués traitaient déjà de l'échange des documents officiels entre États pour le progrès des études statistiques. Ils indiquaient les moyens suivants : *a*) L'affranchissement par les bureaux de statistique expéditeurs jusqu'à destination lorsque les crédits mis à leur disposition et les formes de la comptabilité du pays le permettent; *b*) La franchise postale accordée par les Gouvernements des pays d'expédition et de destination, au moins jusqu'à leurs frontières de terre et de mer; *c*) La franchise postale accordée par les pays de transit.

L'Institut international de Bibliographie a entrepris l'étude et l'organisation de la bibliographie et de la documentation générale, de la coordination en ce domaine. Il est établi sur le principe de la coopération des organismes nationaux d'ordre général (Bibliothèques et associations nationales) et des organismes internationaux d'ordre spécial (Associations et congrès internationaux). L'Institut élabore des collections et répertoires centraux.

**Terminologie, nomenclature, définition, plan, programme et classification de la science.** — Il s'agit ici d'ententes internationales au premier chef. De nombreuses Associations internationales sont entrées dans cette voie, chacune en ce qui concerne leur science propre. Voici l'indication de quelques-unes : terminologie de l'anatomie (Congrès international des anatomistes); nomenclature botanique (Congrès international de botanique); nomenclature des êtres organisés (Congrès international de zoologie); section spéciale pour les règles et la nomenclature (Congrès international de géographie); décision relative à la commune orthographe des noms géographiques et à l'unification des symboles et signes conventionnels de la cartographie (Congrès international de géographie); nomenclature lunaire (Commission spéciale de l'Association internationale des Académies); vocabulaire officiel pour la rédaction des télégrammes en langage convenu (Bureau international des administrations télégraphiques); vocabulaire international des termes de philosophie (Congrès international de philosophie); nomenclature des médicaments actifs; nomenclatures douanières; projet d'établissement d'un répertoire international de classement des marchandises (Congrès de législation douanière, 1900); projet d'un vocabulaire international des termes généraux de la statistique (Institut international de la statistique).

Des Associations internationales se sont occupées d'élaborer des classifications. Ainsi la classification documentaire universelle à notation décimale (Institut international de bibliographie); la classification des sciences mathématiques (Congrès international des mathématiciens); la classification des sciences pures (Catalogue international de la littérature scientifique).

Des Associations ont cherché et formulé des définitions. Ainsi l'Association stomatologique internationale a arrêté une définition officielle de la stomatologie. Le Congrès de la répression des fraudes alimentaires concernant le monde entier a pu se mettre d'accord sur des dénominations et des définitions commerciales : définition internationale de l'aliment commercialement pur, de l'aliment loyal.


**Divers**. — L'énumération précédente n'épuise pas les formes d'activité des Associations internationales. On peut encore citer celles-ci : agir comme tribunal pour trancher des différents entre adhérents (Office central des transports internationaux, Bureau international de la Presse, Fédération internationale de la Mutualité) ; faciliter entre les diverses administrations, les relations financières nécessitées par leur service (Office central des transports internationaux ; Bureau international de l'Union postale universelle : ce dernier opère la balance et la liquidation des décomptes entre les administrations qui ont déclaré vouloir emprunter son intermédiaire ; le montant des sommes liquidées en 1907 s'est élevé à 76,915,000 francs) ; délivrer une carte internationale d'identité ; passeport d'association à association (Bureau international de la Presse) ; unifier, pour tous les pays, les titres professionnels.

# IV

# Offices et Congrès.

Les Associations internationales accomplissent chacune dans leur domaine deux grandes fonctions : la délibération et la réglementation d'une part, l'exécution et l'administration d'autre part. Il y a lieu de les envisager successivement sous ces deux aspects caractéristiques. La division et la bonne organisation du travail ont conduit à la constitution au sein des associations d'organes distincts pour chacune de ces deux fonctions : l'Office et le Congrès. Ces organes ne sont pas autonomes, ils font partie intégrante de l'association. L'Office est placé sous une direction personnelle, émanant d'elle, et son objet est l'exécution de travaux ou le fonctionnement de services qu'elle a décidés. Quant au Congrès, il a pour but d'associer temporairement à l'œuvre de l'association toute personne qui peut lui apporter un utile concours. L'association elle-même s'occupe de l'ensemble des intérêts de la spécialité, a une gestion en collège et est formée de membres permanents.

Il existe des associations qui n'ont d'autre objet que l'établissement d'un Office ou l'organisation d'un Congrès.

**Offices ou bureaux permanents.** — L'Office ou Bureau permanent (secrétariat, institut ou autre dénomination équivalente) a un siège fixe, car son travail exige la disposition d'archives et de collections ainsi que la collaboration d'agents salariés. Nombreuses sont les associations qui ont fondé des offices : postes, télégraphes, chemins de fer, poids et mesures, géodésie, bibliographie, traduction de tarifs douaniers, etc.

De la bonne organisation des offices dépend le succès de l'œuvre des associations elles-mêmes ; aussi leur importance grandit d'année en année, à mesure que s'étendent les attributions des associations internationales. C'est à eux qu'appartient la préparation des travaux des assemblées générales, conférences, sessions ou congrès, ainsi que l'exécution des travaux décidés, l'application des mesures arrêtées, les démarches en vue d'obtenir la réalisation des vœux émis, la publication des documents, la conservation des archives, la correspondance avec les membres de manière à faciliter les relations scientifiques entre eux, les informations à leur transmettre.

Ainsi les statuts de l'Association télégraphique internationale arrêtent que le Bureau « doit procéder à toutes les études et exécuter tous les travaux dont il serait saisi dans l'intérêt de la télégraphie internationale ». Les statuts du Congrès international des éditeurs s'expriment en ces termes : « Le bureau permanent est chargé de poursuivre l'exécution des résolutions du Congrès. Entre autres attributions : *a)* il rédige, dans les langues allemande, anglaise et française et expédie les mémoires explicatifs et requêtes à adresser aux divers gouvernements ; *b)* il agit auprès des Sociétés d'éditeurs de tous pays, pour que les résolutions du Congrès soient mises en pratique ; *c)* il conserve les archives de la Commission internationale et fait imprimer tous actes nécessaires à l'exécution des résolutions du Congrès ; *d)* il rédige sur sa gestion, un rapport administratif et financier qui est soumis annuellement à l'approbation du Comité exécutif ».

L'Office est un directeur de travaux, qu'il s'agisse de travaux scientifiques ou de travaux administratifs, que ces travaux soient confiés à un personnel salarié ou que les membres les exécutent en coopération. Ces travaux concernent tantôt la préparation des congrès et sont poursuivis dans l'intervalle de deux sessions (Institut de droit international), tantôt l'achèvement des travaux de congrès (Bureau socialiste international), tantôt des travaux permanents et continus, indépendants de tout congrès ou session, s'il s'agit de grands services organisés, tels que la traduction des tarifs douaniers, les opérations de Clearing House pour les transports par chemin de fer, l'étalonnage des instruments d'après les systèmes d'unités internationales, l'élaboration des Répertoires bibliographiques, etc.

Pour résoudre les questions, la direction d'un Office ou d'un Institut international a à sa disposition la coopération volontaire des spécialistes du monde entier : c'est là une force qu'il importe d'utiliser et de constamment mettre en œuvre. La direction de ces organismes est, par conséquent, amenée directement ou indirectement à avoir une action considérable sur la direction du travail scientifique.

Les Offices internationaux créés par les Unions d'États sont en réalité les organes de l'Administration internationale.

**Congrès.** — *Généralités.* — Les congrès sont fort nombreux; le relevé qui en a été fait est publié dans l'Annuaire, pages 1283 à 1342. Il se résume dans le tableau suivant : 1840-60, 28; 1861-70, 69; 1871-80, 150; 1881-90, 295; 1891-1900, 645; 1901-1910, 790.

Presque toutes les branches de sciences et d'activités ont aujourd'hui leurs congrès. Ceux-ci réalisent des types d'organisation des plus variés, depuis les très grands congrès qui rassemblent des milliers de personnes jusqu'aux plus modestes réunions de groupes de spécialistes. Certains congrès ne sont autres que les assemblées générales des Associations internationales. Le titre de « conférence » a été plus spécialement réservé aux réunions privées par invitations et aux réunions diplomatiques.

Les congrès jouissent de plus en plus de la faveur des gouvernements. Ceux-ci les ont officialisés en partie à raison du patronage qu'ils leur ont donné. A l'occasion des grandes expositions, ils ont fait plus. Ils ont créé des services généraux mis à la disposition d'un ensemble de congrès. Un premier essai de ce genre remonte à l'Exposition de Paris, en 1878. Il y a été renouvelé en 1889 et 1900. Il s'est tenu cette année-là à Paris, 60 congrès. A Chicago, en 1893, et à Saint-Louis, en 1904, on fit de même. Les congrès à Liége, en 1905, et à Bruxelles, en 1910, forment un des groupes de l'Exposition universelle. Cette organisation collective des congrès tend aussi à se réaliser par simple entente coopérative. Ainsi l'Office central des Institutions internationales a organisé spécialement pour les nombreux congrès qui auront lieu à Bruxelles en 1910, un service des congrès : il met à la disposition des organisateurs des statuts et règlements modèles, des formules, des adresses, et se charge au prix coûtant des travaux administratifs des congrès qui veulent recourir à ses bons offices.

Les nationaux du pays où se tient un congrès sont en général les plus nombreux. Ce fait donne aux congrès des physionomies changeantes; il contribue beaucoup à assurer un caractère vraiment international à l'œuvre générale d'un même congrès lorsqu'elle se poursuit pendant plusieurs années à travers plusieurs pays. C'est là un résultat heureux.

Les grandes affluences font de certains congrès de véritables foules, c'est devenu une tâche compliquée d'organiser celles-ci en vue de buts utiles. Aussi, dans certains congrès, le travail qui compte a-t-il une tendance à être fait de plus en plus par le Bureau, les membres de la Commission et les rapporteurs permanents qui deviennent des spécialistes pour chaque section; les travaux préliminaires des congrès prennent également de plus en plus d'importance, bien qu'ils ne soient confiés qu'à un petit nombre de personnes. Le rôle des organes de direction est notamment de faire une ventilation entre les questions sérieuses et celles qui ne le sont pas, d'éviter des redites par des membres nouveaux peu au courant de ce qui a été fait antérieurement. Dans les congrès qui visent l'action commune, on en arrive ainsi à distinguer le rôle de direction et d'orientation, la « politique » peut-on dire, du congrès, de l'œuvre de propagande et de diffusion réalisée parmi les membres à l'occasion de la session.

Il devient presque impossible d'organiser de tous grands congrès. Le caractère aimable et de fraternisation de ces réunions disparaît. Les villes ne peuvent recevoir confortablement les masses de congressistes qui doivent alors loger chez l'habitant. Il est des congrès qui offrent le spectacle d'une véritable cohue. Pour parer à ces inconvénients, sans perdre les bénéfices des congrès, certains pensent qu'il est nécessaire d'aller plus loin dans la voie de la spécialisation des congrès, de renforcer l'action des organes dirigeants en sélectionnant davantage leur personnel, et aussi d'établir des relations entre les organisateurs des congrès connexes, de manière que des vues d'ensemble soient encore possibles.

*Utilité et but.* — Les buts et l'utilité des congrès sont multiples. Tout ce qui a été dit du but et de l'utilité de l'Association internationale peut être redit à leur propos. Ajoutons-y les observations suivantes, résumé d'observations et de réflexions souvent exprimées par leurs organisateurs [1] :

1° Les congrès posent des questions, les discutent et les solutionnent sous formes de vœux. Tous les grands mouvements à

---

[1] *L'utilité des congrès.* (REVUE SCIENTIFIQUE, 1905, n° 20.)

7

portée sociale de notre temps ont commencé par un congrès ou ont trouvé leur épanouissement dans un congrès;.

2° Les congrès contribuent à faire connaître les résultats obtenus. Par ces temps de travail intense, les résultats s'accumulent avec rapidité. Lorsqu'ils ont affronté heureusement l'épreuve d'une discussion générale, on peut dire qu'ils ont, au moins pour un temps, droit de cité dans le monde entier;

3° Les congrès permettent aux savants qui consacrent leurs recherches aux mêmes objets, de se communiquer et de soumettre à la critique les uns des autres, non seulement les résultats obtenus, mais des procédés d'investigation, des systèmes de recherches, des plans d'études. Cette fonction des congrès est essentielle, car la simple diffusion des résultats obtenus peut être réalisée d'autre manière, grâce à l'organisation actuelle de la presse périodique et des institutions bibliographiques, la discussion, impossible sur un résultat sèchement énoncé, devient aisée et féconde quand il s'agit d'une méthode. A ce point de vue, les communications élégantes et académiques, qui, autrefois, étaient de mise dans les congrès, font place à des rapports d'ordre plus pratique. Dans les sciences historiques, par exemple, les orateurs préfèrent soit de purs exposés de méthodes, soit le développement d'un exemple propre à illustrer et à éprouver publiquement la méthode mise en usage;

4° Les organisateurs des congrès peuvent provoquer de la part des savants les plus autorisés des communications sur des sujets déterminés, de sorte que l'on peut alors assister aux congrès à une véritable mise au point de certaines questions. On doit encore aux congrès la position de questions nouvelles; l'orientation féconde à inspirer aux recherches dans telle ou telle direction inaperçue ou négligée; le rapprochement des sciences voisines qui s'ignorent alors que leur collaboration assurerait la solution de problèmes mixtes ou communs, les indications que peuvent donner aux savants les hommes préoccupés des applications de la science et qui peuvent faire connaître des desiderata pour des recherches ultérieures; la démonstration des résultats dont on ne connaît que des exposés souvent insuffisants pour juger des méthodes et des techniques, et apprécier les causes d'erreur, etc.;

5° Certains congrès ont pour but de provoquer une agitation momentanée, d'autres, de poursuivre sans relâche un but positif nettement spécifié. Ils provoquent un échange continuel de vues, très profitable à l'expansion de la doctrine et à la multiplication des moyens pratiques. On les a appelés les bourses des travailleurs intellectuels. Aussitôt connus les détails d'une stratégie qui réussit sur un point déterminé du globe, les militants se mettent en campagne pour en provoquer sur d'autres points l'imitation;

6° Les congrès, en conduisant les membres des associations permanentes de pays en pays, leur donnent l'occasion de voir par eux-mêmes ce qui se fait d'utile et d'intéressant en la matière qui fait l'objet des congrès;

7° Les congrès sont les collecteurs et les publicateurs d'une documentation abondante. Il est des actes de certains congrès qui constituent une véritable encyclopédie des questions traitées. En résumé, lorsqu'on n'envisage que les côtés accessoires des congrès, on est tenté d'en médire; mais si l'on songe aux travaux qui les précèdent, aux études des rapporteurs, aux relations qui s'établissent entre les congressistes, aux progrès provoqués par la discussion et à la grande diffusion que reçoivent les comptes rendus, il faut conclure que les congrès constituent un moyen très efficace de réunir de toutes parts des renseignements sur une ou plusieurs questions, de comparer les meilleurs procédés en usage dans les divers pays et de solutionner diverses questions (¹).

---

(¹) P. DE VUYST, *L'enseignement agricole et ses méthodes*. (Les Congrès, p. 293, Bruxelles, Dewit, 1909.

*Règlement.* — Les congrès arrêtent leur règlement. Celui-ci se confond souvent avec les statuts de l'association internationale ou est inclus dans ces statuts. Les règlements des congrès sont en grande partie similaires. Beaucoup d'entre eux s'en réfèrent purement et simplement aux règles qui ont été arrêtées en 1900 pour tous les congrès qui sont tenus à l'occasion de l'Exposition universelle de Paris. L'élaboration d'un règlement type des congrès internationaux rendrait beaucoup de services. Les Congrès pourraient décider librement que pour tous les points non fixés dans leur propre règlement, ils s'en rapportent à ce règlement. Ainsi se consacreraient les usages internationaux.

Il s'est créé peu à peu une véritable méthode pour la discussion, une sorte de procédure librement acceptée, et embrassant à la fois les discussions scientifiques et celles qui visent à des mesures d'ordre pratique. A cet égard, les règlements des Congrès tendent de plus en plus à s'unifier, et l'on applique les règles usitées dans les assemblées délibérantes officielles. Certains règlements entrent dans les détails et prescrivent que dans les cas douteux on applique les règles parlementaires, telles qu'elles sont usitées dans le pays désigné d'avance par le Bureau du Congrès (Congrès de la Paix).

Le Congrès international des Chemins de fer a poussé très loin l'organisation méthodique des discussions. Il a arrêté un règlement spécial qui comprend le programme général de matières entrant dans le cadre du Congrès. Le règlement indique comment se fera l'inscription des questions à l'ordre du jour des sessions, comment se poursuivra l'étude préalable des questions avec enquête sur questionnaire, rapport général et rapport secondaire ; il détermine la forme de la discussion, la manière de conclure et le mode de votation. L'Institut de Droit international a aussi arrêté un règlement détaillé des sessions formulant toute la marche des travaux ; le Bureau central des Associations de presse a fait de même.

Les congrès comportent en général une séance d'ouverture, des séances de sections pour la lecture et la discussion des rapports et communications, des séances plénières pour communications et discussions intéressant l'ensemble des sections, une séance générale de clôture. On combine souvent les systèmes de séances successives et de séances simultanées; on réserve pour les séances plénières les questions d'intérêt général, celles qui sont susceptibles d'intéresser le grand nombre et d'amuser. Des séances générales à ordre du jour bien arrêté contre-balancent la dispersion et le morcellement qui résultent des travaux entre les sections. L'œuvre des congrès est unifiée par des débats en assemblée générale, où toutes les personnes compétentes, réparties entre les sections, peuvent apporter leur avis.

Les travaux de séance plénière sont en général : 1° Rapports, communications du comité de direction; 2° Présentation des comptes, élections des vérificateurs, approbation, discussion et fixation du budget; 3° Élection; 4° Discussion et résolution des questions à l'ordre du jour; 5° Désignation de la localité où sera tenu le Congrès suivant.

Chaque question examinée par les sections est ensuite présentée à la discussion et aux résolutions définitives du Congrès réuni en séance plénière. En général, le droit d'amendement des propositions en sections demeure entier dans les assemblées plénières; mais on stipule souvent que les discussions ne pourront s'ouvrir que sur des propositions écrites et transmises au bureau. Il est oiseux d'y recommencer des discussions qui ont eu lieu en section; les personnes n'ayant pas assisté à la discussion en section, pourraient croire nécessaire d'exposer alors des idées déjà présentées par les congressistes.

A la séance de clôture, le secrétaire général lit ordinairement un rapport général sur les travaux accomplis par le congrès.

On fait aussi une distinction entre les séances administratives, auxquelles ne peuvent participer que les membres, et les séances scientifiques (séances plénières) accessibles aux membres et aux associés (Institut de Droit international).

Le Président a la direction des débats. Elle doit être intelligente et ferme, tout en étant bienveillante. « Celui qui préside doit être comme un pilote ayant toujours la main au gouvernail pour maintenir sans déviation la discussion orientée vers des solutions précises. » Le Président doit aussi savoir susciter des discussions intéressantes, provoquer les membres autorisés à exprimer leur avis, mettre en lumière d'un mot les aspects de la question laissés dans l'ombre, rendre ainsi la discussion plus complète, plus approfondie, à la fois plus scientifique et plus méthodique. Les congrès fournissent la précieuse occasion de pouvoir mettre aux prises des hommes et opinions qui autrement ne se rencontreraient pas dans le corps-à-corps d'une discussion. De telles occasions ne peuvent être perdues. Bien souvent, dans les discussions scientifiques des congrès, un mot, une réflexion, une critique en disent plus long et sont plus efficaces que de grands discours. Ils provoquent des réflexions, des échanges de vues et il en résulte pour l'avenir de nouveaux travaux.

Beaucoup de congrès, surtout dans les pays anglo-saxons, sont des congrès d'exposé d'idées et de communication de faits, et il n'y a guère de discussions. Ce sont des congrès-enquêtes; après la présentation des rapports, les membres posent des questions ou fournissent des renseignements. D'autres congrès ont au contraire pour but principal la discussion de thèses (Congrès international des anciens catholiques).

Lorsque les rapports sont imprimés et distribués d'avance, les rapporteurs se bornent à les résumer verbalement, à en développer spécialement quelques points ou à en lire les conclusions pour ouvrir une discussion. Leur rôle devant l'assemblée est de répondre aux objections qui sont formulées et de défendre leurs conclusions.

Des dispositions de détail sont prises pour faciliter les discussions. Au Congrès international de la répression des fraudes alimentaires, on écrivait au tableau la définition provisoire adoptée par la section et la discussion se poursuivait devant ce texte. Les noms des orateurs sont aussi inscrits au tableau noir (Congrès international d'enseignement professionnel de Fribourg). Des rapports sont présentés avec projections lumineuses et projections cinématographiques. Certaines communications se résument à des expériences démonstratives (Congrès international de physiologie).

Le Président veille à ce que les orateurs ne s'écartent pas de l'objet de la discussion. Des règlements décident qu'aucun orateur, sauf les rapporteurs, ne peut parler sur un même sujet plus de quelques minutes (dix en général), et, à moins d'une autorisation expresse de l'assemblée, que nul ne prendra la parole plus d'une fois sur le même sujet. La discussion sur les motions d'ordre interrompt la discussion sur le fond du sujet. L'assemblée peut, à la simple majorité des voix, prononcer la clôture des débats. Avant de clôturer la discussion, il appartient au président de résumer les débats, ce qui est autre chose que de conclure.

Les orateurs sont invités à remettre le jour même ou séance tenante au secrétariat de chaque section, le résumé manuscrit des observations qu'ils ont formulées en séance. Des formules en blanc sont imprimées à cet effet.

L'Institut de Droit international prévoit le cas où il est décidé de procéder à une seconde délibération, soit dans le cours de la session, soit dans la session suivante.

La durée des séances varie. Il est des Congrès qui fournissent un travail de séance considérable. Ainsi au Congrès international de la répression des fraudes alimentaires (1908), les séances plénières, commencées à 9 $^1/_4$ heures, n'étaient levées qu'à 6 heures; l'une d'elles a même duré jusqu'à 8 $^1/_2$ heures.

*Programme. Ordre du jour.* — Le programme des congrès a une importance capitale : il coordonne et suscite toute l'activité des rapporteurs et des discussions. On distingue ordinairement le programme général du Congrès des programmes spéciaux des sessions.

Le programme général est le cadre des questions que le Congrès, comme organisation permanente, se propose d'aborder dans la suite de ses sessions. Il constitue un exposé des principes, des idées mères, des directions et des orientations. Souvent il est précédé d'un préambule, sorte d'exposé des motifs qui explique le programme, le commente et tend à en faire un plan de travail motivé.

Le programme des sessions est limité à certaines questions. Dans l'établissement de ce programme, il y a lieu de tenir compte de la variété, de l'actualité et du caractère international des questions. Il importe aussi de sérier l'étude des questions (Congrès de l'aliment pur).

Les choix des questions portées à l'ordre du jour des congrès est en général laissé aux soins du comité d'organisation. Certains prévoient la faculté pour les membres de faire inscrire des questions à l'ordre du jour, mais ils organisent et limitent ce droit. Les congrès eux-mêmes décident parfois qu'il y a lieu de renvoyer ou faire discuter certaines questions dans une prochaine session. Souvent le Bureau propose un ordre du jour aux sociétés adhérentes et les invite à le compléter dans un délai déterminé par les propositions qu'elles désirent faire discuter par les Congrès. Des règlements déterminent que les textes des propositions doivent parvenir au Bureau dans tel délai avant le Congrès (Congrès international socialiste : quatre mois avant la réunion et distribution un mois après réception).

*Sessions successives.* — Une conférence ou un congrès sans lendemain est souvent une œuvre sans portée. La documentation existante se renouvelle constamment et n'est utile que dans la mesure où elle est tenue à jour; les particuliers, les institutions accumulent de précieuses informations qui demeurent inutilisées faute d'une organisation propre à les recueillir et à les mettre en valeur. Les congrès successifs s'imposent aussi pour la confirmation et la vérification des principes acquis. Ils s'imposent encore pour mettre à profit l'expérience d'autrui, et l'on fait faire à tous l'économie de beaucoup d'efforts, de tâtonnements et peut-être d'erreurs.

La périodicité des réunions varie : tantôt elle est fixée d'avance, tantôt les sessions sont sans périodicité fixe. Ainsi l'association internationale des Académies a des réunions triennales. L'Institut de droit international ne peut avoir plus d'une session par an et l'intervalle entre les deux sessions ne peut excéder deux ans. Le Congrès international des Chemins de fer a tenu 8 sessions; l'Institut Colonial international, 10 sessions; le Congrès international de Navigation, 11 sessions; l'Institut de Droit international, 22 sessions; le Congrès international de Médecine, 16 sessions.

Les séances sont réservées aux membres et aux invités. Il y a des exceptions : au Congrès de la Paix, le public est admis autant que possible, mais sans avoir le droit de prendre part aux débats.


*Sections.* — Les sections (appelées parfois commissions) ont été introduites pour apporter de l'ordre et de la méthode dans le travail des congrès qui ont un grand nombre de membres. C'est un procédé d'organisation de la division du travail.

Lorsqu'il y a un grand nombre de sections, les membres ne peuvent assister aux séances de toutes. On donne alors aux travaux des sections le caractère de simple réunion préparatoire, dans laquelle les intéressés des différentes nationalités sont mis à même de faire connaître leurs idées de les échanger et d'unifier autant que possible leurs propositions. L'assemblée plénière prend les décisions. Les séances préparatoires des sections facilitent sensiblement la tâche du Congrès en faisant naître ou en précisant l'accord sur un grand nombre de points et en permettant à l'assemblée, réunie en séance plénière, de consacrer tout son temps à la discussion des questions controversées.

Le plus souvent les congrès se divisent en 3 ou 5 sections. Il y en a dont les sections sont plus nombreuses (21 sections au Congrès international des sciences médicales, 1909 ; 14 sections au Congrès international de géographie). Parfois une même section ne siège qu'un jour sur deux, afin de permettre à ses membres de participer aux travaux de leurs collègues (Congrès international de géographie). Parfois plusieurs sections se fusionnent pour l'étude de certaines questions qu'elles ont avantage à discuter en commun (Congrès international de géographie).

Les sections du Congrès sont constituées soit d'avance, soit après la séance d'inauguration, par le Comité de direction selon les besoins de l'ordre du jour (Bureau central des associations de presse). Lorsque les sections sont constituées dès le début des travaux du comité organisateur, les bureaux des sections peuvent agir avec une grande autonomie, correspondre directement avec les membres et préparer efficacement de longue main tout le travail des séances. Ainsi le Congrès des sciences administratives a divisé la Commission organisatrice en comités organisateurs des sections ; les Bureaux des sections jouissent d'une grande indépendance et prennent toutes les mesures utiles à la réalisation de leur programme particulier.

Parfois les présidents et secrétaires seuls des sections sont désignés d'avance par le Comité d'organisation et choisis dans son sein. Ces offices sont considérés moins comme une distinction honorifique que comme une charge. Il est nécessaire que les présidents des sections assistent aux séances du Comité d'organisation et aient pu participer aux travaux préparatoires afin de bien connaître les rouages de l'organisation, de bien s'inspirer de la méthode de travail à suivre, afin aussi que toutes les sections, dirigées dans un même esprit, convergent plus aisément vers un même but (Congrès international pour la répression des fraudes alimentaires).

Le Congrès de la Paix a institué des commissions préconsultatives ayant pour rôle de revoir, de rectifier, de préciser et de fusionner les rédactions des propositions formées d'avance par les sociétés de la Paix, ou de présenter des rédactions nouvelles sur les objets à elle soumis. Les commissions préconsultatives ne peuvent être composées que de délégués de pays et sont présidées par un membre de la Commission. Les membres du Comité en peuvent faire partie et ils interviennent quand c'est utile pour l'unité, la coordination et la continuité. En prologue, ou tous les jours du congrès après les séances, il y a réunion des présidents et des secrétaires des commissions préconsultatives. Les commissions sont autonomes pour délibérer, mais l'Assemblée générale a le droit de veto sans discussion.

Les Congrès internationaux socialistes déterminent que les partis et organisations de chaque pays ou nation forment une section ayant un comité national à sa tête. La section se prononce sur l'admission des organismes de sa nationalité. Le vote a lieu éventuellement par sections nationales. Le Bureau socialiste international est constitué sur la base de la représentation des sections nationales. Les Bureaux des sections arrêtent l'ordre du jour des séances, mais c'est la Commission centrale qui arrête le programme de toute la section.

En général, les membres des congrès peuvent s'inscrire indifféremment à une seule ou plusieurs sections. Chaque section résume ses travaux sous forme de propositions ou de conclusions qui sont présentées par écrit aux séances plénières.

Dans les congrès permanents, les sections sont fixes. On retrouve les mêmes sections dans un grand nombre de congrès, telles les sections de nomenclature, de législation, de documentation. Il y a tendance à créer dans tout congrès une section scientifique, s'occupant de toutes les questions d'organisation de la science.

*Rapports et conférences.* — L'assemblée générale ou les sections prennent pour bases de leurs travaux les rapports écrits. Elles en approuvent, amendent ou repoussent les conclusions.

On distingue entre les rapports et les communications. Les rapports ont des conclusions et sont discutés. Les communications ne sont pas discutées, elles sont souvent insérées dans le compte rendu sans même que la lecture publique en ait été donnée; elles accompagnent souvent la présentation de travaux publiés hors du Congrès. Les travaux écrits prennent aussi la forme de mémoire et de proposition

Dans certains congrès, envoie des rapports qui veut; dans d'autres, les rapports font l'objet d'une réglementation tendant à améliorer la qualité des rapports et à faire gagner du temps aux membres. Le système d'étudier une même question dans des rapports particuliers (nationaux) et des rapports généraux (internationaux) résumant et coordonnant les premiers, est fort pratiqué. Le Comité central ou les Comités qui dirigent les sections recrutent alors eux-mêmes les rapporteurs et veillent à ce que chaque question soit rapportée.

L'Institut de droit international a arrêté un règlement des travaux préparatoires dans l'intervalle des sessions. Il désigne pour chaque question deux rapporteurs ou un rapporteur et une commission d'étude. Dans le premier cas, les rapporteurs désignés préparent chacun un mémoire séparé et, s'il y a lieu, l'un deux ou un troisième rapporteur désigné par le Conseil, présente en session un rapport oral sur la base et à l'aide des mémoires préparatoires. Les deux mémoires et les conclusions du rapport oral sont publiés et distribués en temps utile. Dans le second cas, le rapporteur peut s'adjoindre un corapporteur. Tout membre ou associé qui en a témoigné le désir a le droit de faire partie de celle des commissions d'études qu'il indique au secrétaire général. Le rapporteur doit se mettre en relation avec les commissions nommées, leur soumettre ses idées et recevoir leurs observations. Ces rapports sont publiés et distribués avant la session. (Le Congrès international de chirurgie désigne un rapporteur et deux membres pour la discussion.)

Certains règlements fixent des dates extrêmes pour l'envoi des rapports plusieurs semaines avant les Congrès. Ils en limitent aussi la longueur (Congrès international des architectes, 1908, 1,000 mots maximum; Congrès international des sciences administratives, 4,000 mots ou 10 pages in-8°). Des règlements recommandent de se borner à l'exposé sommaire mais substantiel de la question, de formuler des conclusions visant les moyens pratiques d'exécution, de tenir compte du caractère international du congrès dans le choix des sujets et la manière de les traiter, de donner les principaux renseignements bibliographiques concernant les questions traitées, de garder copie des manuscrits. Ils stipulent que la propriété des rapports et des discussions appartient au Congrès, le Bureau se réservant le droit de les publier *in extenso* ou en résumé (Congrès international des Sciences administratives).

Le Rapporteur général doit réunir toute la documentation sur la matière, diriger une enquête par questionnaire, résumer les rapports particuliers, et présenter un rapport qui constitue une analyse et un résumé de la question avec conclusions. Le système des enquêtes préalables, sous forme de questionnaire, a pris un grand développement (Union internationale des Tramways, Congrès des chemins de fer, Bureau international des Fédérations d'instituteurs). Les réponses sont publiées avant chaque Congrès. Les rapports ne sont ensuite qu'un simple faisceau de renseignements transmis par les adhérents, un résumé condensé des faits et des arguments; ils donnent ainsi une idée de la situation mondiale d'une question, d'un fait.

Lorsqu'il s'agit de conclure à des mesures concertées, il est recommandé au rapporteur général de ne pas présenter seulement ses appréciations et ses vues personnelles, mais aussi l'expression exacte, complète surtout, de l'opinion des grandes associations ou des groupes affiliés. C'est un moyen de préparer des discussions fructueuses et d'éviter à l'assemblée de se heurter à d'insurmontables difficultés.

Il y a lieu parfois à désignation par le Comité d'une Commission d'études chargée de présenter un rapport (Bureau international des associations de Presse). Certains congrès ont créé la fonction de Rapporteur général chargé de résumer et de condenser les travaux de tous les rapporteurs indistinctement (Congrès international de photographie). Ordinairement cette fonction appartient en propre au Secrétaire général; lorsqu'il existe un rapporteur général distinct, il y a en réalité division des fonctions du secrétaire général. Le secrétaire général prépare souvent lui-même des rapports et des conclusions en cas d'urgence (Institut de droit international). Des congrès ont institué dans leurs commissions des rapporteurs permanents, chargés, de session à session, de développer et de mettre à point un premier rapport qu'ils ont présenté (Institut international de statistique).

Dans les congrès nouveaux, le comité d'organisation ou le secrétaire général publie parfois un rapport préliminaire sur le but du congrès. Dans les congrès plus anciens, ce document prend la forme d'un compte rendu général de l'œuvre du congrès, pour faire connaître les délibérations antérieures aux nouveaux membres qui constituent quelquefois la majorité (Compte rendu général des travaux du Congrès international de Statistique dans ses séances tenues à Bruxelles, 1853; Paris, 1855; Vienne, 1857; Londres, 1860). On juge utile de publier et de distribuer au début du congrès un « Résumé ou sommaire des rapports imprimés » quand ils sont très nombreux (First international Moral Education Congress). On publie aussi sur feuilles volantes, distribuées au moment des discussions, des résumés des communications, résumés très brefs, parfois un simple diagramme (Congrès international de Chimie appliquée).

Le nombre des travaux présentés est quelquefois très considérable. Au Congrès international de géographie, 1908 : 230 conférences, communications, rapports et mémoires. Au Congrès d'expansion mondiale, plus de 400 rapports. On a observé que l'on pourrait sans inconvénient tendre à restreindre le nombre des communications qui n'entrent pas dans l'esprit du congrès. Il y a bien les dangers de l'arbitraire dans le choix, mais on devrait fixer des programmes précis pour les congrès, hors desquels les travaux ne recevraient pas de consécration officielle, quitte à laisser se grouper les indépendants en une section.

Certains congrès organisent des conférences générales faites par des spécialistes éminents, ainsi le IV$^e$ Congrès international des mathématiciens, à Rome, avril 1908. Au Congrès de psychologie, 1905, on a organisé dans chacune des quatre sections, trois conférences à la suite desquelles devaient s'engager des discussions. On s'est demandé si la conception de ces conférences oratoires répondait à un véritable besoin; mieux vaudrait toutefois y substituer des rapports étudiés, fournissant un travail de synthèse utile, sur une question importante ou controversée.

*Résolutions et vœux.* — Les résolutions prises par les assemblées sont de différentes espèces : des vœux ou expressions de desiderata, des conclusions de rapports sur l'état actuel des questions, des décisions obligatoires qui lient leurs membres ou leurs organes d'exécution, des définitions (Définition de la stomatologie par l'Association stomatologique internationale), des déclarations, notamment des déclarations de principe; des protestations et réserves; des programmes; des règles unificatrices; des recommandations (Conférence internationale des ligues sociales d'acheteurs).

L'ensemble des résolutions et des vœux votés au cours des sessions successives d'un même congrès, et ayant une portée scientifique et durable, constitue en quelque sorte les lois organisatrices de la science, objet des congrès. Il en est fait parfois une codification ou des listes systématiques (Congrès international de géographie; Union internationale de droit pénal; Institut de droit international; Institut international de statistique). Le secrétaire général des congrès socialistes internationaux a été chargé de rédiger un code explicatif des résolutions prises aux congrès antérieurs. Il a été dressé une table analytique de la doctrine des congrès eucharistiques internationaux sous le titre : « Les Vœux des Congrès eucharistiques internationaux ».

Les projets de résolutions et les vœux, les motions, propositions peuvent être approuvés par le congrès et devenir siens ou être simplement enregistrés et pris pour notification.

La publicité des résolutions est capitale. Elle a lieu par les actes des Congrès, les comptes rendus de presse, les pétitions. Parfois les membres des Congrès sont expressément invités à donner la plus large publicité possible aux vœux et résolutions.

La réalisation de beaucoup de vœux dépend de tiers : gouvernements et administrations de divers pays, associations internationales. Souvent le texte des vœux indique expressément à qui l'exécution doit en être demandée : ainsi l'Institut international de statistique a décidé de s'adresser aux gouvernements et aux associations économiques, ainsi qu'aux chambres de commerce pour assurer l'exécution de la branche de la statistique internationale des prix des grains. Les vœux doivent d'abord être portés à la connaissance des intéressés et pour cela leur être notifiés en due forme. La simple notification est naturellement insuffisante ; des démarches sont nécessaires, des négociations ainsi que la propagande pour former l'opinion publique. La notification aux gouvernements est accompagnée d'un mémoire dans lequel est exposé séparément l'intérêt qu'a chaque pays, en particulier, à réaliser les vœux exprimés.

Les congrès peuvent toujours revenir sur des résolutions antérieures et les reviser. Cette revision est prévue dans le règlement de quelques congrès (Congrès de la Paix). En général, on s'abstient de revenir sur des questions décidées avant que soient écoulées un certain nombre d'années.

Il est des congrès qui s'abstiennent de tout vote et de tout vœu (Congrès international de l'Enseignement moyen, 1901).

*Vote.* — En principe, les résolutions sont prises à la simple majorité des voix des membres présents. Les membres expriment leur vote en levant la main. On prescrit quelquefois que la main doit être munie des cartes de vote. Chaque vote est suivi de la contre-épreuve, suivie elle-même d'une troisième épreuve, destinée aux membres qui désirent marquer expressément leur abstention. Les amendements sont mis aux voix avant les questions principales auxquelles ils se rapportent. Le vote a lieu à la majorité des membres présents ou par association, ou selon ce dernier mode seulement quand il est demandé (Bureau central des Associations de Presse).

Il y a lieu parfois à abstention et certains statuts le stipulent. Ainsi, lorsqu'il s'agit de questions controversées entre deux ou plusieurs États, les membres de l'Institut de droit international appartenant à ces États sont admis à exprimer et développer leur opinion, mais ils doivent s'abstenir de voter.

Le droit de vote donne lieu à une vérification des pouvoirs. Au Congrès de la Paix, chaque délégué légitimé reçoit une carte d'entrée indiquant le nombre de voix dont le délégué dispose.

Dans les congrès qui ont des sections, les résolutions y sont d'abord votées et portées ensuite devant l'assemblée générale. Certains organismes ont prévu et réglementé l'appel des décisions (Société théosophique; Bureau central des Associations de Presse). Certaines associations ont organisé le vote par correspondance (Institut international des classes moyennes ; Institut colonial international).

## Actes et documents des congrès. — Vu les documents qu'ils publient, on peut considérer à certains égards les congrès comme des associations formées pour l'édition de travaux. Les actes des congrès perpétuent l'œuvre éphémère des sessions, ils fournissent une documentation souvent considérable et constituent pour les membres des renseignements précieux. Souvent cette documentation codifie les questions d'ordre général qui sont d'application dans tous les pays (Congrès des chemins de fer; Congrès de chimie appliquée; Congrès de philosophie).

Un bon plan de publication des actes est fort important pour assurer leur rapide distribution, activer l'impression, économiser les frais. A cet effet, on scinde ordinairement les publications; on emploie plusieurs espèces de pagination, on conserve certaines compositions en caractères mobiles ou en clichés.

Les actes d'un congrès comportent : la composition du Comité d'organisation, des divers Comités et des Bureaux des sections; les statuts et règlements; la lettre d'invitation, le programme, la liste des membres, la liste des personnes ayant pris part au Congrès, les rapports, les procès-verbaux des discussions, en sections et en assemblée générale; les résolutions et vœux, la liste des publications offertes au Congrès, le compte rendu des fêtes, réceptions, visites, excursions et voyages. Ces diverses matières se répartissent généralement en deux parties : les rapports d'une part, et le compte rendu des séances ainsi que des faits relatifs au Congrès, d'autre part.

En ces derniers temps, on a accompagné les comptes rendus de courtes instructions donnant l'historique du Congrès et les impressions générales sur les résultats obtenus (Congrès d'éducation morale, 1908).

Les actes publient les comptes rendus *in extenso* ou en abrégé. Souvent le compte rendu des débats est sténographié et les sténogrammes sont envoyés à la revision des orateurs. En général, les épreuves des comptes rendus sont aussi envoyées aux orateurs lorsqu'ils n'ont pas revu la copie sténographique.

Les actes bien rédigés sont accompagnés de tables : tables analytiques et alphabétiques des matières, liste méthodique des rapports, index des noms de tous ceux qui ont pris la parole au cours des séances ou participé officiellement au Congrès. Pour faciliter les recherches dans le compte rendu des travaux du premier Congrès international pour la répression des fraudes alimentaires, les définitions et les vœux émis au cours des séances ont été imprimés en rouge, les premiers en caractères gras, les seconds en caractères romains. Les rédacteurs ont cherché avant tout à faire du volume un instrument de travail.

La publication des actes constitue une forte dépense. Souvent elle est assumée sous forme de subsides par les gouvernements du lieu où le Congrès s'est réuni (Institut international de statistique).

Les actes sont généralement imprimés comme des publications « à suite ». Les rapports sont distribués par séries au fur et à mesure qu'ils sont imprimés. Quelquefois il est fait une refonte de tous les documents et une publication unique après le congrès. Certains règlements organiques stipulent qu'il n'est envoyé qu'un seul exemplaire des rapports et comptes rendus par cotisation versée. Les duplicata ne sont délivrés qu'au prix de librairie (Congrès international des sciences administratives).

Ordinairement les actes des congrès sont publiés dans une publication spéciale. Certaines associations ont un Bulletin et les comptes rendus y sont publiés. Certains congrès ne publient que des comptes rendus synthétiques, les travaux des membres paraissant dans les publications de chacune des sociétés fédérées (Congrès des anatomistes). Certains statuts stipulent qu'il ne sera pas publié de compte rendu officiel du congrès (Congrès international de physiologie). Dans l'Association internationale des Académies, chacune des académies doit pourvoir à l'impression des projets et des rapports qu'elle soumet au Comité. Elle doit faire tirer ces communications à 300 exemplaires et en envoyer aux académies associées.

Le compte rendu des séances est souvent publié au jour le jour, afin de tenir au courant les membres qui n'assistaient pas à certaines réunions (Institut international de statistique, Congrès international d'expansion mondiale). On publie aussi les listes, tenues à jour, des membres annoncés ou arrivés avec leur adresse dans la ville où siège le congrès, des programmes de l'emploi du temps, voire les conclusions sommaires des rapports à discuter. On a été amené ainsi à publier dans certains congrès le *Journal du Congrès* (Congrès international des sciences historiques, Congrès de chimie appliquée de Londres).

Les congrès internationaux du Conseil des Femmes publient un « Who is who », relevé des noms des personnes adhérentes, avec leur portrait et leur notice biographique.

Le volume ou les volumes des actes et leur journal ne sont pas les seules publications des congrès. Il est aussi distribué, par les soins des Comités d'organisation, des publications « mémoriales », des guides, des recueils de renseignements, etc.

Parfois les publications des congrès sont offertes en vente au public (Institut international de sociologie). Mais généralement, il est très difficile de se les procurer en librairie. On a proposé de constituer un dépôt international central des publications de tous les congrès non immédiatement distribués ou vendus.

**Services accessoires d'ordre intérieur.** — L'organisation des services accessoires des congrès a pris le développement qu'exigent les grandes affluences. Il s'agit d'éviter aux congressistes toute démarche inutile. Certains congrès ont été des modèles du genre. Ainsi le Congrès international des sciences historiques (Berlin, 1908), congrès qui comptait plus de 800 membres, avait organisé un ensemble de services d'ordre pratique : bureau des chemins de fer, bureau d'adresses et de renseignements, bureau de poste, restaurant, bibliothèque, salle de lecture et de correspondance, bureau des objets trouvés, registre de rendez-vous, jusqu'à un salon de coiffure.

**Exposition.** — Les congrès ne sont pas seulement des exposés d'idées, mais aussi des exposés de choses. A beaucoup de congrès on annexe des expositions spéciales (Congrès international de chirurgie, Bruxelles, 1908 ; Congrès international d'éducation morale, Londres, 1908). Le Bureau du Congrès international d'éducation et de protection de l'Enfance (Liége, 1905) a attribué des diplômes pour les objets, tableaux, prospectus, etc., se rapportant au programme du congrès. Ces objets ont pu être exposés, soit dans les locaux du Congrès, soit à l'Exposition universelle. Certains congrès ont lieu à l'occasion d'expositions spéciales, et un lien s'établit ainsi entre les organisateurs des unes et des autres. Les expositions sont souvent ouvertes au public. Elles ont une durée plus longue que celle du Congrès. Pour les organiser il est fait appel à des comités nationaux (Congrès international d'architecture).

**Fêtes. Voyages.** — Les fêtes, réceptions, excursions, visites, voyages ont pris un développement considérable en ces dernières années. Depuis que les congrès sont devenus de mode et que les peuples et villes se disputent l'honneur de les accueillir, il s'est ouvert dans le monde comme un vaste concours d'hospitalité ; chaque nation, chaque cité met de l'amour-propre à recevoir parfaitement ses hôtes ; fort heureusement dans cette lutte courtoise, chacun garde sa manière et demeure fidèle à son caractère et à ses mœurs. On a fait valoir, pour justifier la partie récréative du programme des congrès, que c'est là fournir l'occasion aux relations personnelles de se nouer, et qu'elles importaient autant à l'avancement des questions que les discussions en assemblée. C'est aussi l'occasion de parler les langues étrangères (Congrès international d'Esperanto).

Les fêtes comprennent des réceptions, des concerts, des garden party, des bals, des représentations de gala et tous les spectacles imaginés pour la distraction. Elles sont souvent accompagnées de distributions de souvenirs. Les séances d'ouverture et de clôture des congrès sont généralement organisées en solennités auxquelles est conviée l'élite locale. Certains congrès organisent des séances publiques dans le but de faire comprendre l'objet du congrès et d'agir dans les milieux nouveaux (Congrès international de la Paix ; Congrès international socialiste). On a organisé des comités de réception de dames dont la mission est de s'occuper des dames accompagnant les congressistes et leur faire visiter les villes (Congrès interparlementaire).

Les banquets sont l'accompagnement obligé des Congrès et fournissent l'occasion à des toasts confraternels. Les excursions et les voyages qui ont pour but de faire connaitre les pays ont eu quelquefois une grande portée (voyage à travers les États-Unis par le Congrès interparlementaire ; voyage à travers la Russie par le Congrès international de navigation et de géologie ; voyages gratuits *ad libitum* organisés par le Congrès des chemins de fer).

Les administrations publiques et les compagnies de chemins de fer et de navigation accordent généralement des avantages sur le prix des transports aux membres des Congrès ; sont considérés comme membres les parents (mère, femme, fille ou sœur) qui s'inscrivent dans les catégories spéciales.

Des visites sont organisées dans des établissements scientifiques, musées, universités, bibliothèques, ainsi que dans les services administratifs ou les établissements industriels et commerciaux de la spécialité qui intéresse le Congrès.

Le luxe déployé en certaines réceptions a peut-être dépassé les bornes d'une sage mesure. Il y a eu surenchère, si bien que l'organisation des grands Congrès apparaît comme une très lourde charge pour les organisateurs locaux, surtout pour les petits pays qui sont mis dans l'impossibilité de rendre à leur tour les amabilités dont ils ont été l'objet de la part de leurs hôtes étrangers. Une réaction se dessine contre les abus du luxe et des avantages gratuits qui accompagnent les Congrès. Ainsi une protestation dans ce sens est parvenue au Bureau international des éditeurs.

**Propagande et presse**. — La propagande vise surtout le recrutement des adhérents.

Celle de certains congrès est intensive. Ainsi le Comité d'organisation du Congrès international d'éducation morale a entretenu une correspondance avec trente pays, avait des secrétaires dans dix-sept d'entre eux et a employé 45,000 enveloppes. Il existe des Comités de propagande internationaux et nationaux des Congrès (Congrès international de psychologie). Le Congrès international des sciences administratives prévoit la formation dans chaque pays d'un Comité national chargé de la publicité, du recrutement des membres et des rapporteurs. Dès qu'un groupe de personnes s'intéresse au succès du Congrès, le Bureau peut le constituer en Comité spécial de propagande, Comité d'action, etc. Ces Comités peuvent se subdiviser en sections correspondantes aux sections du Congrès.

La propagande en faveur des Congrès est faite par tous moyens : envoi de programmes aux consuls, aux directeurs des établissements scientifiques, aux associations, aux spécialistes, aux publicistes et aux professeurs; notification faite aux divers gouvernements par l'intermédiaire du Ministère des Affaires étrangères; communiqués dans les journaux, etc.

On a suggéré l'idée d'avoir dans chaque pays un Comité permanent de propagande pour les grands Congrès à l'instar des Comités nationaux qui font la propagande pour les expositions internationales.

La Presse assiste aux séances des Congrès, elle y est spécialement invitée et des dispositions sont prises afin de lui faciliter sa tâche. Au Congrès de l'aliment pur à Genève (1908), suivaient les séances vingt-quatre journalistes étrangers, dont plusieurs représentaient tout un groupe de journaux et vingt journalistes suisses. Grâce à la presse qui peut agir puissamment sur les esprits disséminés au loin, les Congrès sont devenus aussi des événements dont l'opinion publique est saisie et classés parmi les grandes actualités.

# V

# Les méthodes générales de l'Internationalisme.

L'étude des moyens pratiques que mettent en œuvre les associations internationales pour réaliser leur objet donne lieu à des constatations de portée générale.

I. — Tantôt il est procédé par unification des éléments nationaux (système métrique des poids et mesures, système monétaire, système de protection de la propriété artistique et littéraire). Tantôt il est procédé par juxtaposition d'un système international auxiliaire aux éléments nationaux qui demeurent en vigueur ; on établit alors une simple concordance entre les uns et les autres (langue auxiliaire internationale, classification bibliographique internationale, projets de statistique internationale). Tantôt tous les pays participant à une entente internationale sont considérés comme ne formant, au point de vue spécial envisagé, qu'un seul territoire dans toute l'étendue duquel les éléments sont unifiés (Union postale universelle).

II. — Les systèmes internationaux sont tantôt des systèmes tout nouveaux créés d'une pièce, tantôt des systèmes nationaux internationalisés. Certains systèmes construits *a priori* sont basés sur le principe du maximum d'internationalité des éléments (les radicaux adoptés par la langue internationale esperanto sont ceux qui se retrouvent à la fois dans le plus grand nombre de langues nationales à grande extension). Lorsqu'un système national est adopté comme système international, on recourt parfois au principe des compensations internationales. Ainsi le Congrès international de géographie (1908) a proposé l'adoption du méridien de Greenwich comme base des fuseaux horaires, au lieu du méridien de Paris, et en même temps la reconnaissance du système métrique par les Anglo-Saxons comme base de la mesure universelle.

III. — Dans toutes les ententes internationales se retrouve la reconnaissance du principe de l'autonomie nationale dont les corollaires sont l'impartialité et la neutralité. Tous les États, toutes les manifestations du nationalisme sont respectés et placés sur un pied d'égalité. Souvent ce respect de l'autonomie est stipulé dans les statuts. Ainsi il est dit dans les statuts de l'Office international d'hygiène : « L'Office ne peut s'immiscer en aucune façon dans l'administration des différents États. Il est indépendant des autorités du pays dans lequel il est placé et correspond directement avec les autorités supérieures d'hygiène des divers pays et avec les conseils sanitaires ».

On a cherché, par tout un ensemble de mesures, à établir l'égalité de droits entre les nations participantes aux associations, et ce sont des motifs de cet ordre qui ont déterminé certaines modalités de la nomination des personnes, le choix du siège, les langues employées, les procédures du vote.

IV. — L'Internationalisation est purement volontaire et facultative ; elle repose non sur la contrainte, mais sur l'intérêt réciproque bien compris. Cet intérêt consiste, notamment, dans la simplification apportée dans les relations (unité technique en matière de chemins de fer, permettant les échanges de matériel et la formation des trains parcourant plusieurs pays); dans la facilité à s'assimiler et à comprendre un système conventionnel (unification du système de signalisation maritime, signaux, phares, etc.; Code des quatre signaux universels à placer sur les routes).

V. — La participation des groupes libres à la constitution d'Associations internationales n'équivaut pas à une absorption de leur indépendance. Lorsqu'il s'agit de Fédération, le plus souvent chaque société affiliée conserve son autonomie absolue. Le Conseil général ne peut s'immiscer dans les affaires particulières d'une société affiliée. La disposition suivante applique cette règle : « Comme association internationale, la Fédération abolitionniste internationale se borne à une déclaration générale de principe et abandonne aux sections, groupes et comités nationaux, régionaux et locaux le soin de décider sur quels points doit porter la réforme de leurs lois ».

Il y a pour les associations fédérées liberté de leurs actes dans leur pays et droit de faire partie de toute combinaison avec d'autres associations, à la seule condition de respecter intégralement les statuts de la Fédération, laquelle souvent ne reconnaît qu'une seule autorité par pays (Fédération aéronautique internationale).

Ce principe d'autonomie se concilie avec l'engagement moral à poursuivre le but auquel vise la Fédération. Ainsi l'Association pour l'observation du dimanche énonce dans ses statuts : « Tout en conservant leur entière autonomie pour l'action locale, les divers comités doivent seconder le Comité international dans ses travaux ».

VI. — L'internationalisation est réalisée par l'entente officielle ou par l'entente privée. L'entente officielle est conclue par voie de convention internationale ; des traités internationaux créent entre les États adhérents une association ou union pour des objets déterminés (Convention sanitaire internationale, convention internationale pour le phylloxéra). L'entente libre est conclue entre parties qui ne disposent pas de l'autorité publique ; elle est réalisée sous forme d'association privée avec statuts ou simples conventions par cartels (entente internationale sur les nomenclatures).

VII. — L'entente libre internationale se réalise de la même manière que l'entente libre nationale. Elle n'en est que le développement. Elle a lieu sur la base du contrat facultatif. Les particuliers entrent dans les associations et, par ce premier acte, consentent à se soumettre aux décisions de la majorité; les associations forment ensuite entre elles des associations à divers degrés : fédération locale, régionale, nationale, puis internationale ; elles s'allient aussi à d'autres associations ayant en ordre principal des objets différents, mais poursuivant aussi certains buts identiques qui deviennent alors communs : c'est la confédération.

VIII. — Les associations cherchent par leur entente à consacrer une autorité qui puisse prendre des décisions valables pour tout ce qui entre dans leur objet et qui puisse ensuite exécuter ces décisions, soit qu'il faille obtenir des groupes ou des particuliers qu'ils y conforment leurs actes, soit qu'il y ait à réaliser certaines œuvres à l'aide des ressources communes ou par coopération.

En général, l'autorité des organismes internationaux libres n'est pas contestée. Elle résulte ou du nombre des adhérents, ou de l'autorité morale qu'a acquise l'organisme par suite de ses actes, ou du fait qu'elle est seule à s'occuper des intérêts internationaux. Il arrive cependant que l'autorité est contestée, ou que le pouvoir se divise, qu'il y a scission. On se trouve alors dans la même situation que celle des peuples en état de révolution, d'anarchie ou de lutte pour le pouvoir, ou encore dans la même situation que les églises dans lesquelles sévissent les schismes (les discussions pour l'adoption de la langue internationale, les deux Congrès internationaux de Libre pensée qui eurent lieu la même année, l'un à Paris, l'autre à Londres). Il existe parfois plusieurs fédérations internationales unies en une fédération universelle (Fédérations européenne, américaine, australienne, indoue des sociétés théosophiques).

Ordinairement, l'autorité est reconnue aux Congrès internationaux qui sont constitués sur des bases suffisamment larges pour pouvoir être considérés comme des parlements spéciaux ayant le pouvoir de faire la loi dans le domaine de leur compétence. Les organismes créés par les congrès (instituts, bureaux permanents, commissions internationales), tirent leur autorité des congrès mêmes à qui ils doivent l'existence ou la reconnaissance. De là l'importance des statuts des associations internationales. Ils sont, dans chaque domaine, de véritables *constitutions internationales* qui organisent la souveraineté, créent les pouvoirs, déterminent l'exercice de l'autorité. Il est nécessaire qu'elles comprennent des dispositions relatives aux membres, à leurs pouvoirs, au droit de vote, à la procédure à suivre pour transformer une proposition individuelle en une résolution collective. A ce point de vue, les statuts de certaines associations sont plus explicites que d'autres.

IX. — Les tendances vers l'internationalisation sont en grande partie les mêmes que celles qui caractérisent la marche générale de la civilisation vers l'unification, la simplification, l'intégration, la concentration, l'étude comparée, l'échange des services et des produits du travail, la solidarité, la représentation des intérêts.

1° L'*unification* est une loi sociologique fondamentale. Un type étant créé, il est ensuite reproduit par imitation. C'est un cas particulier de la loi du moindre effort qui conduit à la simplification. Il s'agit, par exemple, de rendre comparables les résultats des études, interchangeables les pièces d'une fabrication. Il s'agit aussi de donner le maximum d'effet à l'acte le plus simple : ainsi, aujourd'hui, le dépôt d'une marque de fabrique au Bureau international de Berne assure une protection légale en Autriche, Belgique, Brésil, Cuba, Espagne, France, Hongrie, Italie, Mexique, Pays-Bas, Portugal, Suisse et Tunisie.

2° L'*intégration*, la *concentration*, la coordination des forces en des organismes de plus en plus puissants, leur subordination à des directions de plus en plus unitaires, marquent les étapes du progrès technique et social. En toutes matières, on constate l'existence de réseaux de plus en plus vastes, de services centralisés, de trusts et amalgamations d'intérêts. On leur demande l'économie de l'effort, l'abaissement du prix de revient, la production en grand, la suppression de stériles gaspillages.

3° Les *échanges* sont la conséquence de la division et de la sériation du travail, du développement des spécialités, de la coopération. Ils se produisent pour les biens et les services intellectuels, comme pour les biens et les services économiques. Plus grand est le nombre des coopérateurs, plus spécialisés peuvent être les travaux, et partant plus nécessaires doivent être les échanges.

4° L'*étude comparée* est la condition même de la science. La multiplicité des esprits donne lieu à la multiplicité des points de vue et la comparaison des points de vue achemine vers la connaissance intégrale. L'Association internationale pour la mise en commun de l'expérience individuelle n'est que le stade ultime de toute mise en commun du savoir.

5° La *solidarité* est la connaissance des liens qui réunissent les hommes et de l'intérêt qu'ils ont à l'existence de ces liens, grâce auxquels ils peuvent obtenir par l'union des efforts des avantages économiques, intellectuels et moraux qu'ils ne pourraient obtenir isolément. La solidarité internationale n'est que la reconnaissance par delà les frontières de ces liens, de ces intérêts et des avantages qu'il y a à les développer.

6° La *représentation des intérêts*, confiée à des organismes créés pour l'action et gérés par les intéressés eux-mêmes, caractérise l'évolution sociale contemporaine. Les parlements et les assemblées délibérantes nationales, régionales ou locales, les conseils supérieurs électifs, les syndicats professionnels, les associations poursuivant des buts intellectuels ou des buts moraux et sociaux, représentent les intérêts des hommes à tous les degrés et dans tous les domaines. Le mouvement qui a donné naissance à ces organismes à l'intérieur des frontières d'un même État a trouvé son prolongement dans la représentation des intérêts internationaux par des associations internationales. Les congrès internationaux en particulier sont une des formes de l'organisation de l'opinion publique en matière scientifique.

X. — Le caractère international des associations, concerne tantôt leur objet, tantôt les méthodes mises en œuvre, tantôt les conditions dans lesquelles s'exécutent leurs travaux.

1° *Internationalisme quant à l'objet.* — *a)* Si l'on envisage l'objet ou but des associations, on est amené à établir les distinctions suivantes : il est certains phénomènes qui se manifestent d'une manière identique en tous lieux, et dont l'étude par suite s'accommode d'une autonomie complète dans les recherches scientifiques sur la base d'un territoire national : les faits de la pesanteur et de l'hydrostatique en physique; la loi des proportions définies en chimie. Mais pour se développer, les sciences doivent disposer d'un très grand nombre de matériaux. La plupart des sciences expérimentales ne peuvent obtenir de la valeur et de l'importance que parce qu'elles sont basées sur une grande diversité d'éléments que l'on compare d'abord, qu'ensuite on collectionne et que l'on classe après. La coopération des savants du monde entier est donc nécessaire pour ces travaux. Ainsi, par exemple, la détermination de la dose maximum des médicaments est non seulement le travail de plusieurs années, mais aussi le résultat de milliers d'expériences de toutes nationalités (Pharmacopée internationale).

*b*) Mais il est certaines branches de la science qui s'occupent de phénomènes où la Terre est considérée comme un ensemble, où les phénomènes étudiés sont solidaires à travers le monde entier : la géographie, la géologie, la sismologie, l'économie universelle. Ces sciences sont essentiellement internationales quant à leur objet, puisqu'elles ne peuvent résulter que d'observations conduites à la fois dans tous les pays du monde à raison des choses mêmes qui leur servent de matière première.

*c*) Il est aussi certains objets d'études distribués de par le monde, qui, sans avoir précisément entre eux des liens nécessaires ni sans constituer les éléments d'un grand ensemble, offrent cependant des particularités qu'il y a un grand intérêt à relever pour enrichir et élargir la conception des choses en général et, par suite, pour améliorer la conception des choses en particulier. C'est, par exemple, le cas de la législation et des institutions juridiques dont l'étude comparée peut être entreprise par des organes internationaux. Dans d'autres cas, les objets étudiés ont les uns à l'égard des autres une existence indépendante en soi, mais il peut y avoir une utilité considérable à les envisager par la pensée comme des parties d'un ensemble et, par suite, à organiser des travaux concertés dans plusieurs pays. Les résultats de tels travaux seront autre chose qu'une simple accumulation ou addition; ils auront un caractère spécifique nouveau dérivant de leur seule réunion et de leur action coordonnée. Il en est ainsi, par exemple, pour les livres : ils sont publiés dans tous les pays et n'ont pas nécessairement de lien les uns avec les autres; mais on peut très utilement considérer tous les livres comme des fragments d'un Livre universel en constante formation et qui décrirait à tout moment l'état de la Pensée mondiale.

En résumé, un grand nombre de sciences ou d'industries sont nécessairement internationales quant aux matières mêmes à mettre en œuvre; d'autres le sont quant aux résultats ou produits dont la destination et l'emploi peuvent être internationaux; enfin, l'objet de certains, sans être nécessairement international, peut le devenir grâce à l'effort organisateur de l'homme.

2° *Internationalisme quant à la méthode.* — La méthode, c'est l'ensemble des moyens employés pour établir la science ou réaliser les œuvres. L'internationalisme ici se manifeste par l'unification et celle-ci est une tendance capitale en toutes matières. Dans les sciences, dans les arts, dans les industries, les systèmes d'unités conventionnellement reconnus sont indispensables à tous progrès. Ils permettent à tout instant la parfaite comparabilité des résultats, facilitent la compréhension des choses, rendent l'action plus aisée et plus précise. Or, à mesure que les relations entre nations se multiplient, des systèmes internationaux doivent être substitués aux anciens systèmes régionaux ou nationaux, et ceci n'est possible qu'au moyen d'ententes pour la conclusion desquelles sont constituées des associations d'abord, des bureaux officiels ensuite. Il a été traité ci-dessus de la question des systèmes d'unités.

3° *Internationalisme quant aux conditions d'exécution.* — Tandis que l'objet des sciences est en général indépendant des hommes, que l'unification des méthodes implique une simple adhésion intellectuelle à des systèmes reconnus les meilleurs ou adoptés par le plus grand nombre, l'exécution, elle, implique l'action proprement dite, la coopération. Or, celle-ci peut être de deux espèces : coopération de travail et coopération d'argent.

*a)* Il y a coopération internationale de travail lorsque les tâches à accomplir sont réparties entre tous les pays : par exemple, la carte du ciel réalisée par des observatoires du monde entier; les observations sismologiques réparties entre les stations sismologiques du globe;

*b)* Il y a coopération internationale d'argent lorsque l'entente internationale intervient pour assurer les moyens de faire faire en une fois et au profit de tous les pays, un travail qui autrement serait fait en plusieurs fois avec gaspillage de temps et d'argent, ou qui, dépassant les forces isolées de chaque pays, ne serait pas fait du tout. La coopération en argent s'établit de manière qu'en échange des sommes procurées, les membres de l'association puissent bénéficier des avantages de l'œuvre créée, soit en faisant usage des services organisés, soit en acquérant des duplicata des travaux : par exemple les grandes publications internationales, entreprises à frais communs par l'Association internationale des Académies.

Beaucoup d'associations combinent à la fois la coopération par le travail et la coopération par l'argent versé (Catalogue international de la littérature scientifique).

# VI

# La coopération internationale et la coordination entre les Associations internationales.

Dans l'état actuel de leur développement, les Associations internationales entrent dans une phase nouvelle : celle de la coopération et de la coordination. Elles avaient chacune devant elles un champ immense pour exercer leur action et tout y était à faire. Graduellement elles s'en sont emparé et, déjà, les plus anciennes d'entre elles, les plus actives ou les mieux organisées, lui ont donné une première appropriation ; mais par leur extension même, plusieurs sont arrivées au bout de leur domaine et, peu à peu, des relations de voisinage se sont établies. L'entr'aide réciproque, la fixation des territoires frontières, la vision de buts communs, le sentiment d'une puissance plus grande rendue possible par l'union harmonique des efforts, tels ont été les résultats du premier contact.

**Faits isolés de coopération et de coordination.** — Les faits isolés et spontanés de coopération et de coordination sont nombreux. Ils dessinent le mouvement qui s'annonce. Mais une tâche s'impose : faire prendre conscience à toutes les associations de ces faits déjà devenus très clairs pour les plus développées d'entre elles, celles qui sont le plus aptes à réaliser la coopération et la coordination, et ensuite les entraîner toutes résolument dans la voie qui y conduit.

Les faits de coopération et de coordination concernent d'abord l'entente relative aux domaines mixtes, communs ou limitrophes. Des associations internationales similaires se sont entendues pour délimiter de commun accord leur champ d'action : ainsi, dès 1873, l'Institut de Droit international et l'Association de Droit international. L'Association internationale des Académies a demandé à être consultée par les États sur toute question nouvelle d'association internationale officielle. Il a été demandé qu'elle devienne « le conseil scientifique des gouvernements, la modératrice des méthodes, la régulatrice des nomenclatures ». Déjà elle patronne un grand nombre d'œuvres internationales et intervient dans nombre de questions d'intérêt scientifique universel. Les statuts de la Fédération internationale de la mutualité prévoient expressément ce mode de coopération.

Certains congrès sont organisés conjointement par plusieurs associations ou fédérations et des congrès distincts siègent avec sections communes. Il est des congrès périodiques qui siègent comme sections de différents congrès (le Congrès international d'Histoire des sciences siège tantôt comme section du Congrès international de philosophie, tantôt comme section du Congrès des sciences historiques). Des congrès se réunissent à l'occasion d'autres congrès (l'Association internationale de la Presse médicale se réunit en même temps que le Congrès international de médecine). Des congrès sur des matières connexes se concertent pour se tenir en même temps. Ainsi, on considère souhaitable que le Congrès de Psychologie et le Congrès de Physiologie se réunissent dans la même ville.

Le programme de coopération entre l'Institut international de Bibliographie et les associations a fait l'objet de délibérations à plusieurs congrès et reçu une large exécution (Conférence internationale de Bibliographie et de Documentation 1908 ; résolutions du *Concilium Bibliogaphicum*, organe patronné par les Congrès internationaux de physiologie et de zoologie ; de la Fédération mutualiste internationale, qui a inscrit dans son objet statutaire : « établir la bibliographie internationale de la mutualité avec l'Institut international de bibliographie » ; de la Fédération aéronautique internationale, du Congrès international de photographie, de l'Institut international d'agriculture).

La Société universelle de la Croix blanche a entrepris une œuvre de très longue haleine ayant pied dans le domaine social, économique et juridique : une législation internationale sur la répression des fraudes alimentaires. Pour atteindre son but elle a arrêté un programme de cinq congrès consécutifs faisant appel chacun à des spécialistes différents : les commerçants et industriels pour déterminer et définir ce qui peut être tenu comme l'aliment commercialement et loyalement pur, les hygiénistes pour apprécier de tels aliments au point de vue de la santé publique, les chimistes pour arrêter des méthodes permettant de déceler les fraudes, les juristes pour constituer un système juridique répondant aux desiderata exprimés par tous les autres spécialistes, enfin les diplomates pour négocier une convention internationale.

Les faits de coopération et de coordination sont relatifs aussi aux relations directes entre les institutions internationales pour l'exécution des vœux qui les concernent. Les Associations internationales n'ont pas seulement à agir auprès des gouvernements pour voir leurs vœux se réaliser. Il est une voie qui peut en bien des cas être plus rapide : s'adresser aux autres institutions internationales. Celles-ci centralisent tout ce qui concerne leur spécialité et elles ont des ramifications et des influences dans tous les pays. Elles peuvent donc prendre en considération les vœux et desiderata qui leur sont transmis et les faire leurs. Qui mieux que le Congrès international des Éditeurs, par exemple, peut exprimer les désiderata de la librairie universelle quant aux tarifs postaux et qui est plus à même de les examiner que l'Office postal universel ? Qui mieux que l'Institut international de Bibliographie peut coordonner tous les desiderata en matière de publication et de documentation; et qui est mieux à même que les diverses Associations internationales de les discuter à chaque point de vue spécial et d'amener leurs membres à les réaliser ?

## Office central des Institutions internationales.

— Afin de poursuivre d'une manière systématique certains buts de coopération et de coordination a été créé à Bruxelles, en 1906, l'*Office central des Institutions internationales*, à l'initiative des groupes dirigeant les nombreuses associations ayant leur siège en Belgique. Le programme de cet office a été défini de la manière suivante :

1° Étudier les questions qui se rattachent à l'organisation, à la coordination des efforts et à l'unification des méthodes dans ce qu'elles présentent de commun ou de similaire pour toutes les associations ou pour un grand nombre d'entre elles;

2° Établir un centre pour faciliter leur installation, leur action, leurs études et leurs travaux aux institutions qui poursuivent des buts internationaux;

3° Provoquer ou organiser la coopération entre les services des institutions, organiser l'extension des relations internationales entre groupes et particuliers. Dans ce but, veiller notamment à améliorer l'organisation des congrès internationaux et des associations internationales, délimiter leur sphère d'action respective afin d'éviter les doubles emplois et les répétitions, formuler de meilleures méthodes de travail en commun et de discussion ;

4° Arrêter des programmes d'action ou d'études communs à toutes les associations internationales ou à un groupe d'entre elles ; formuler et faire connaître la position des grandes questions qui sont susceptibles d'intéresser plusieurs associations ;

5° Provoquer la création d'associations internationales dans tous les domaines où n'existent pas encore de semblables associations ;

6° Réunir et coordonner les renseignements et les documents relatifs à l'internationalisme et au mouvement international (faits, idées et institutions);

7° Contribuer à l'organisation de la Documentation internationale d'après le plan et les méthodes arrêtés par l'Institut international de bibliographie, en provoquant la collaboration des associations internationales à l'œuvre de cet Institut;

8° Rechercher l'harmonie et la coordination entre les divers systèmes de nomenclature, terminologie, classification ou notation, tels qu'ils résultent d'ententes internationales, mais qui sont, en général, limités au domaine des diverses sciences particulières;

9° Poursuivre en commun l'obtention d'avantages généraux pour toutes les Associations internationales, tels qu'un statut juridique international, la franchise postale internationale, l'amélioration du régime des échanges littéraires et scientifiques internationaux;

10° Publier un *Annuaire* et un *Bulletin périodique* comme organes de l'Office, Annuaire et Bulletin qui résument et condensent toutes les données recueillies par son service de documentation, servent à la diffusion de ses idées et créent un lien permanent entre toutes les Associations internationales;

11° Organiser périodiquement un *Congrès des Associations internationales,* où seraient discutées les questions rentrant dans le cadre de l'Office et qui fournirait aux dirigeants des associations internationales et aux personnes qui s'intéressent au mouvement international l'occasion de rencontres favorables, pour échanger des idées, convenir de collaborations et nouer des relations.

De ce programme plusieurs points ont reçu un commencement d'exécution. C'est l'Office qui publie l'*Annuaire de la vie internationale.* Le premier numéro de son *Bulletin* a paru. Il a mis ses locaux à la disposition de plusieurs associations internationales et a combiné ses services avec ceux de l'Institut international de bibliographie et de documentation. Avec l'aide de celui-ci, il recueille d'abondants documents classés dans sa Bibliothèque et son répertoire, et constitue ainsi un centre pour les études internationales. Il a poursuivi une *Enquête sur l'Association internationale* dont le premier volume, comprenant dix-huit monographies, a paru.

**Congrès des Associations internationales.** — A l'initiative de l'Office et dès associations adhérentes, un *Congrès mondial des Associations internationales* est convoqué à Bruxelles, en mai 1910. Toutes les associations sont invitées à y prendre part. Des rapports y seront présentés par les associations sur leur organisation, leurs travaux, l'état de l'internationalisation dans leur domaine, leurs méthodes. Ils sont destinés à fournir au Congrès de précieux éléments de comparaison et à constituer une contribution à la documentation de l'internationalisme.

Les six questions suivantes, dont l'intérêt est tout à fait général, ont été inscrites au programme du Congrès et feront l'objet de rapports généraux et de communications :

1° La coopération entre les Associations internationales;

2° Le régime juridique des Associations internationales (reconnaissance légale, personnification civile, etc.);

3' Les systèmes internationaux d'unités dans les sciences et dans les services techniques (unification et coordination des systèmes, le système métrique, le système des C. G. S.);

4° Les types d'organismes internationaux (examen comparé, avantages et inconvénients des systèmes en présence);

5° Les Associations internationales et l'organisation de la bibliographie et de la documentation;

6° La terminologie scientifique et les langages internationaux (terminologie systématique des sciences, notation, traductions scientifiques, signaux, langue internationale).

VII

# L'état actuel de l'organisation internationale.

L'Internationalisme de notre époque n'est pas seulement un système idéal. C'est le résultat d'une convergence de faits et il repose sur un ensemble de réalités.

1° *Au point de vue géographique :* la vie internationale, pour ainsi dire inexistante il y a un demi-siècle, est aujourd'hui en pleine efflorescence. L'activité de l'homme paraît conditionnée par deux lois naturelles fondamentales : l'expansion de la vie et le moindre effort. L'humanité n'a cessé de marcher vers la possession totale de la planète. La terre entière est aujourd'hui découverte; les mœurs se sont policées au point d'en rendre toutes les parties accessibles aux étrangers presque autant qu'aux nationaux. Dès lors, c'est donc dans l'Univers entier que l'homme se répand. Et cela d'une manière si générale, qu'on est autorisé à conclure qu'aucun caractère essentiel de la nature humaine, d'ordre anthropologique, ethnique, psychique ou sociologique, ne s'oppose à une telle expansion. (La colonisation de l'Afrique, de l'Amérique et de l'Asie ; l'émigration des Italiens, des Russes, des Polonais, des Allemands aux États-Unis; l'avènement à la civilisation moderne des peuples anciens : Chinois, Japonais, Indiens, Égyptiens, Persans; les foules cosmopolites qui se réunissent périodiquement à Paris, à Londres, à la Côte d'Azur; les 50,000 voyageurs qui traversent annuellement l'Atlantique, la Suisse tout entière devenue un grand hôtel international de plus de 100,000 lits, où les étrangers dépensent chaque été 100 millions de francs, etc.)

2° *Au point de vue des communications :* non seulement les hommes se déplacent en masse avec ou sans esprit de retour, mais quelque éloignée que soit la distance qui les sépare, ils entretiennent entre eux des relations constantes : ils se visitent, ils échangent des produits, ils se rendent des services, ils se communiquent réciproquement leurs idées et leurs sentiments. Pour faciliter de telles relations, tout un système de communications permanentes et ultra-rapides a été établi, destinées à relier tous les centres habités : chemins de fer, lignes de navigation maritime et intérieure, service postal universel, télégraphe et téléphone, sans parler de ces derniers venus ou entrevus : l'automobile, la télégraphie et la téléphonie sans fil, la téléphotographie et le téléphote, la navigation aérienne. Un exemple entre mille est fourni par la rapidité croissante des voyages. Ainsi entre Paris et Lille, il fallait en 1650 : 105 heures ; 1782 : 42 heures ; 1814 : 34 heures (malle-poste) ; 1834 : 22 heures ; 1908 : 3 heures (express). Le voyage de Paris à Nice, qui se faisait en 1834 par la malle-poste en 87 heures, se fait aujourd'hui en 13 heures. De 1877 à 1907, la vitesse moyenne sur l'ensemble des grands réseaux de chemins de fer en France a passé de 34 à 63 kilomètres. On peut dire qu'une part considérable de l'effort d'invention et du travail de l'humanité porte aujourd'hui sur l'établissement et l'entretien du réseau des communications. L'usage de tels moyens de communication va sans cesse en augmentant. Il a donné lieu à des organisations permanentes qui se sont étendues progressivement à tous les domaines de la vie et à toutes les fonctions sociales ([1]).

---

([1]) « Quels peuvent être les effets, non pas seulement prochains mais lointains, de ces manifestations, on le devine aisément. Leur contre-coup frappe, pour les chasser, sur les préjugés traditionnels et les répugnances intuitives qui séparent

3° *Au point de vue économique :* le Commerce devenu mondial avec ses grands marchés régulateurs qui nivèlent et stabilisent le prix des produits (total des importations et exportations du monde s'élevant à des centaines de milliards), l'Industrie organisée en trusts et en cartels s'étendant à l'ensemble de la production de tous pays (55 °/₀ des industries sont actuellement trustées) ; le Travail organisé en syndicats internationaux revendiquant une réglementation uniforme des conditions du travail dans tous les pays et érigeant la grève internationale en moyen d'action ; la Finance, dont les moyens techniques pour l'association des capitaux et la mobilisation de la propriété se sont étendus à la terre tout entière, engendrant cette conséquence de faire entrer dans tout patrimoine individuel quelque parcelle de la fortune internationale (les titres au porteur sont évalués à 732 milliards négociables sur les diverses places financières du monde.

4° *Au point de vue intellectuel :* les Sciences, déjà internationales par leur objet qui ne peut être circonscrit à un territoire politique déterminé, sont de nos jours devenues mondiales par leur organisation. Les travailleurs de tous pays ont été enrégimentés dans les cadres de leur vaste armée. Elles ont leurs universités et leurs académies, leurs associations scientifiques, leurs congrès, où se rencontrent des savants de toutes nationalités et où se parlent toutes les langues. — Quant aux Lettres et aux Arts, ils manifestent de plus en plus des sentiments uni-

---

encore les nations. Toutes ces allées et venues laissent des traces. Il se dégage de toutes ces rencontres une chaleur communicative, chacun revient dans son pays moins capable de haïr le pays des autres ; chacun rapporte dans son bagage un menu rameau d'olivier» (Bouglé, dans la *Grande Revue*, 10 novembre 1907). — « Les découvertes qui ont permis à l'homme le mouvement rapide ont eu cette conséquence : les nations rapprochées les unes des autres. Cette circulation toujours accrue d'hommes, d'idées et de sentiments a commencé à user la ligne des frontières. Chaque nouvelle découverte rend l'isolement plus difficile et plus mesquine les barrières. » (Ernest Lavisse.)

versels; les écoles se font connaître et comprendre du monde
entier, et à tour de rôle on voit celles d'un pays influencer
les productions des autres pays. Ainsi se forme graduellement une communauté d'idées et de sentiments. Celle-ci
s'exprime d'une manière permanente par les documents (textes
et images, livres, revues, journaux) dont le nombre va sans
cesse croissant et qui se répandent à travers toute la terre (tout
journal européen est tenu au courant par de longs câblegrammes
des moindres événements d'Amérique et réciproquement;
150,000 livres nouveaux publiés chaque année; plus de
20,000 périodiques paraissant régulièrement; une centaine de
revues internationales en cours de publication; l'exportation des
seuls livres allemands atteignant annuellement plus de 100 millions de marks; les bibliothèques telles que celles de Paris,
Londres, Berlin, Washington, offrant chacune à leurs lecteurs
des collections internationales de 1 $^1/_2$ à 3 millions d'ouvrages
en toutes langues).

5° *Au point de vue politique et social :* les violences élimi-
nées de plus en plus du sein des nations civilisées, formées
chacune de groupes d'hommes aussi nombreux que l'était au
moyen âge l'Europe tout entière (États-Unis, 75 millions;
Allemagne, 60 millions; Russie, 115 millions); limitation du
nombre de guerres entre les grands États européens et leur
espacement à des intervalles de plus en plus éloignés, conduisant les peuples à se familiariser avec le régime bienfaisant de la
paix et à désirer celle-ci comme la condition même de leur vie et
de toute leur activité, tant privée que collective; réglementation des droits de la guerre et de l'arbitrage international,
par la Conférence de La Haye (35 États, représentant 1,285 millions d'habitants, votent en faveur de l'arbitrage obligatoire);
80 traités d'arbitrage obligatoire conclus de 1903 à 1908;
neutralité perpétuelle de certains États; constitution de systèmes
juridiques internationaux de plus en plus complets en droit
international privé (statut personnel, exécution de jugements

étrangers, protection de la propriété artistique et de la propriété industrielle, etc.); transformation des systèmes politiques, basés de plus en plus sur l'autonomie des groupes d'une part et leur fédération d'autre part (exemples probants de la Suisse, des États-Unis, de l'Empire d'Allemagne, de l'Afrique du Sud, de l'impérialisme anglais, l'Europe déjà réduite à deux grands groupes de puissances marchant vers une confédération fatale), concentrations ethniques dans les grands mouvements du Panslavisme, du Pangermanisme, du Panlatinisme (1).

---

(1) Pour mesurer le degré de l'internationalisation des différentes associations ou des différentes matières, de manière à pouvoir la comparer aux diverses époques et dans les divers domaines des sciences et de l'activité on pourrait prendre les bases suivantes : 1o le nombre des pays faisant partie d'une entente; 2o la surface en kilomètres carrés du territoire soumis à l'entente, comparée à la surface totale de la terre; 3o la population totale soumise aux mesures de l'entente comparée à la population totale du globe; 4o le nombre des éléments spéciaux internationalisés, comparés au nombre des éléments de même nature qui n'y sont pas soumis. En combinant entre elles les quatre mesures, on obtiendrait des *coefficients relatifs* d'internationalisation. L'Union postale universelle comprend : 6 États, 114 millions de kilomètres carrés avec 1,151 millions d'habitants. En 1905 il a été expédié sur le territoire de l'Union 32,140 millions de correspondances (lettres, cartes postales, imprimés. papiers d'affaires et échantillons), 22 millions de lettres et de boîtes avec valeur déclarée d'un montant de 57,522 millions de francs; 564 millions de mandats-poste d'un montant de 31,263 millions de francs; 532 millions de colis postaux; 49 millions de recouvrements d'un montant de 2,999 millions de francs et 2,660 millions de numéros de journaux servis par abonnements postaux. Le Bureau international télégraphique comprend 50 États, avec une superficie de 66,918,000 kilomètres carrés, comprenant une population de 948,870,000 habitants. La longueur des lignes télégraphiques appartenant aux États de l'Union était, en 1905, de 1,266,249 kilomètres; l'étendue des fils, de 4,532,495 kilomètres; le nombre des bureaux de 122,449. Sur ces lignes passaient, en 1905, plus de 300 millions de télégrammes intérieurs et près de 100 millions de télégrammes internationaux.

# VIII

# Bases et programme général
## de l'organisation internationale.

Un programme d'ensemble se dégage peu à peu de l'activité de tous les groupes au contact des réalités internationales. Ce programme, — on pourrait l'appeler sans grandiloquence le *Programme de l'Humanité*, — tend à donner une organisation bien définie à tous les éléments qui se sont formés sous nos yeux au cours des dernières décades. Il tend à les coordonner, à les unifier, à les compléter et ainsi à fonder la société internationale sur des bases aussi stables et aussi régulières que les sociétés nationales formées par les divers États.

La création et la consolidation des États au cours de l'histoire a été surtout le fait d'événements de hasard ou de conceptions propres à quelques chefs. Les masses sont demeurées inconscientes de la signification des événements qui les ont produits et n'ont guère hâté leur arrivée de toute la force de désirs exprimés itérativement ou de volontés tendues vers un même but. Au contraire, de nos jours la constitution de la société internationale et l'avènement de l'ère de la mondialité, apparaît comme l'aboutissement nécessaire de l'activité normale de l'Humanité. C'est un phénomène dont la collectivité prend une conscience grandissante et sur la portée de laquelle il importe qu'elle soit de plus en plus éclairée pour éviter, à l'avenir, les erreurs dont souffrent les organisations nationales.

Les bases et les principes d'organisation de la société internationale n'ont fait encore l'objet que de déclarations fragmentaires et éparses dans un grand nombre d'études, de rapports et de procès-verbaux d'assemblées internationales. Il a paru utile de les réunir et de les coordonner en les quelques articles suivants, qui sont aussi le résumé et les conclusions du présent travail.

I. — L'organisation internationale est due à un mouvement vaste et continu, séculaire quant à son origine, mais qui a pris un développement rapide en ces dernières années.

L'internationalisme, en effet, est ancien dans le monde, si l'on entend par là les faits humains qui ont une portée dépassant les divisions territoriales des États (¹). Aux époques primitives, seuls les produits avaient une circulation et le commerce était l'agent de l'internationalisme. Avec l'invention de l'imprimerie et l'organisation de la poste, les idées circulèrent par la voie du livre, du journal et de la lettre. Puis vint l'ère où les moyens de transport rapide permirent aux personnes elles-mêmes de se transporter facilement et temporairement d'un pays dans un autre. De nos jours, enfin, ce sont les efforts qui s'internationalisent.

II. — Le mouvement spontané vers l'internationalisation tend à une coopération plus grande entre les groupes similaires de tous les pays, à l'extension, au monde entier, des grandes conquêtes du savoir et de la technique, à l'unification des

---

(¹) Il n'est pas inutile de se souvenir des faits et des conceptions qui conduisirent à la *Pax Romana* sous l'empire romain et à la *Chrétienté* au moyen âge. Déjà plusieurs siècles avant J.-C., Diogène disait : « Le monde entier est notre Patrie; le sage est citoyen de l'Univers ».

méthodes et à l'entente internationale sur tous les points où elle est possible et reconnue désirable.

Le but de l'organisation internationale rationnelle doit être d'unir le monde civilisé tout entier dans une action commune, en vue de réaliser certains buts d'intérêt universel, dépassant les forces d'un seul pays, de donner à l'Humanité les organes dont elle a besoin pour agir avec la puissance accrue d'une collectivité plus nombreuse, de placer l'activité humaine dans les conditions optima pour qu'elle se développe dans toute son ampleur. L'organisation internationale est liée au progrès de l'Humanité et de la Civilisation.

III. — A côté des civilisations nationales, superposée à elles, doit exister une civilisation mondiale basée sur ce qu'il y a de commun dans les civilisations nationales, et réalisant l'esprit de polycivilisation. La civilisation mondiale peut et doit respecter les cultures ethniques, sources de force et foyers de vie intense, de même que les villes et les régions peuvent et doivent maintenir et développer leurs différences spécifiques malgré les tendances unificatrices des États. Mais il appartient à notre époque de créer la conscience de l'humanité comme nos devanciers ont créé successivement la conscience familiale, la conscience de la cité et la conscience nationale. Il lui appartient de réaliser la synthèse des diversités nationales et l'unité du genre humain et, à cette fin, d'unifier les conceptions fondamentales, de solidariser les sentiments, d'internationaliser les efforts, d'assigner un programme à l'action commune.

Déjà de nos jours existent des penseurs, des artistes, des hommes d'action qui personnifient l'esprit universel et l'âme cosmopolite des grandes villes, laquelle n'est ni française, ni anglaise, ni allemande, ni slave, mais à ses traits particuliers et ses réactions spéciales. Les grands écrivains s'efforcent de rattacher la littérature de leur pays et la sensibilité qu'elle exprime à la grande civilisation internationale, et à faire un apport à l'esprit universel en éternelle formation. Les grands initiateurs d'entreprises et d'œuvres cherchent à les adapter aux conditions de la vie mondiale.

IV. — L'internationalisme moderne est l'internationalisme des idées, des produits et des efforts humains, en dehors de toute contrainte, de toute domination politique religieuse ou sociale. Il se distingue donc de l'internationalisme basé sur la conquête et pratiqué par les fondateurs des grands empires (Alexandre, les Romains, les Arabes, les Mongols, Napoléon), de l'internationalisme des grandes religions (Christianisme, Boudhisme, Islamisme), de l'internationalisme des classes sociales (aristocrates, capitalistes ou travailleurs).

V. — L'internationalisme est basé sur la paix, mais il ne se confond pas avec le pacifisme. Il y a lieu de passer maintenant de la phase négative de l'internationalisme, caractérisée par le mouvement pacifique, à la phase positive, caractérisée par des œuvres mondiales. La suppression de la guerre ne suffit pas plus pour organiser la vie internationale que la suppression des révolutions n'a suffi pour organiser la civilisation et créer la prospérité au sein d'un État.

VI. — La méthode comparative est la méthode par excellence de l'internationalisme : elle crée la pensée ou la logique universelle qui se confond avec la pensée scientifique. La science a pour objet l'ensemble du cosmos et la réalité tout entière. Résultat des efforts combinés des hommes de tous les temps et de tous les lieux, elle constitue la base la plus solide de l'internationalisme. Celui-ci, d'ailleurs, a été dans les idées avant de passer dans les faits, comme l'action consciente et volontaire est précédée de la conception intellectuelle.

VII. — Pour l'organisation de certains services publics et pour la réglementation de certaines activités individuelles libres, il y a lieu de créer des conventions entre toutes les nations. Pour l'objet de ces conventions, tous les pays participants doivent être considérés comme ne formant qu'un seul territoire. En effet, le territoire du monde entier doit être tenu comme champ d'activité naturelle de tous les hommes, et cette activité ne doit plus être circonscrite à certains territoires nationaux. C'est répondre aux besoins d'expansion de la vie, c'est aussi travailler au bonheur des individus. Le bonheur est la résultante d'une harmonie et d'une adaptation plus grande des hommes aux conditions de leur milieu. Les chances d'une satisfaction plus adéquate des besoins de la vie économique, de la vie de relations, de la vie scientifique, politique et sociale, de la vie au sein de la nature sont plus nombreuses si les possibilités et les occasions du monde entier sont offertes aux hommes et non plus seulement celles d'un seul pays.

**VIII.** — Dans le domaine économique et matériel, il y a lieu de développer un vaste réseau de moyens de communication facilitant la circulation des hommes, des produits et des œuvres intellectuelles; il y a lieu de multiplier les échanges des biens et des services et d'étendre la coopération et la division du travail.

**IX.** — Dans le domaine intellectuel et scientifique, il y a lieu de développer tous les moyens d'échange et de communication des idées, de manière à mettre chaque peuple à même de connaître tout ce qui existe et tout ce qui se passe en dehors de ses frontières, à même aussi de coopérer utilement au travail scientifique. Les systématisations scientifiques ne revêtent pas de forme nationale caractérisée et les frontières politiques sont étrangères à l'essor des idées; d'autre part, tout fait important, tout événement survenu en quelque lieu que ce soit, a, de nos jours, une répercussion mondiale grâce aux procédés d'information rapide. Parmi les tâches et les œuvres à poursuivre et à développer celles-ci apparaissent primordiales : méthodes et unités de mesures unifiées et internationalisées en vue de la comparabilité des résultats ; moyens d'expression internationalement intelligibles et langages internationaux ; congrès internationaux ; universités internationales ; documentation internationale.

X. — Dans le domaine politique et social, il y a lieu de créer un ordre public international, inspiré de l'ordre public national. L'idée de communauté et de solidarité internationale, d'homogénéité des peuples et d'interdépendance des nations doit être à la base de cet ordre qui a pour but d'harmoniser les principes de liberté, d'autonomie, de solidarité, de pouvoir.

Il y a donc lieu de grouper les États en une union ou fédération mondiale permanente, de créer un Parlement international pour discuter la représentation et la discussion des intérêts généraux communs à tous les peuples, une Cour de justice internationale pour trancher les conflits, un Pouvoir exécutif international chargé à la fois d'assurer la sécurité internationale et l'administration internationale, c'est-à-dire les services d'utilité publique internationale.

XI. — Les Associations internationales sont devenues les organes centralisateurs et directeurs du mouvement vers l'organisation internationale. Dans leur ensemble, elles constituent à l'heure actuelle la plus haute représentation des intérêts mondiaux de la civilisation. Officielles ou privées, créées par l'union des États, par le groupement spontané des particuliers ou formées par le rapprochement des collectivités nationales de libre initiative, c'est à elles que l'on doit ces résultats qui ont transformé la vie mondiale : la poste universelle ; l'extension du système métrique décimal à toutes les mesures ; la coordination par delà les frontières des services de chemins de fer et de navigation ; le droit international appliqué à tous les rapports juridiques des personnes et des biens ; la justice arbitrale entre les nations, substituant le règne de la paix aux aléas de la guerre; la discussion intraparlementaire des grands intérêts mondiaux; la mutualité, la bienfaisance et l'assurance étendant à tous les pays la sphère de la solidarité et de la fraternité, la santé publique mise à l'abri des grands fléaux par des mesures d'hygiène concertées; les œuvres d'art et les livres, internationalement protégés, échangés, prêtés et la documentation universalisée; les sciences étudiées en commun et, par l'apport des résultats partiels des travailleurs de tous pays, constituées en une synthèse universelle du savoir.

Absorber toutes les énergies de son temps, s'en approprier toutes les tendances, concentrer en soi les résultats de tous les efforts, tel a été le privilège des génies. En présence de l'énormité des tâches à accomplir et des exigences croissantes de la division du travail, il doit devenir le privilège des associations internationales.

Les Associations internationales prolongent, dans le domaine international, le mouvement naturel d'organisation et de coordination auquel participent les associations nationales à l'intérieur de chaque État, mouvement qui conduit à combiner des éléments dans des synthèses de plus en plus étendues et à intégrer les forces sociales. Chaque groupe d'intérêt, dans les divers pays, a cherché à prendre contact avec les groupes correspondants des autres pays. Ils se sont rapprochés pour délibérer ensemble et organiser une représentation commune de leurs intérêts. Le mouvement a commencé par quelques groupes, puis il en est venu d'autres, et l'on entrevoit déjà le moment où l'organisation sera achevée.

Il y a lieu de rechercher l'harmonie et la coordination entre les buts et l'activité de tant d'associations et d'institutions internationales diverses, nées de besoins particuliers, et qui se sont développées souvent sans soupçonner même comment elles pourraient coopérer entre elles, s'entr'aider, mieux délimiter leur sphère d'action, s'intégrer davantage soit en se dirigeant dans telle direction donnée, soit en provoquant la création d'organismes nouveaux, complémentaires et auxiliaires.

Il y a lieu aussi de rechercher quelles doivent être les relations des Associations internationales avec les États, quelle participation à la gestion des « affaires de l'Humanité », quel rôle dans la poursuite des buts d'utilité publique internationale il convient que leur octroie la « constitution mondiale » le jour où celle-ci déterminera l'organisation à donner à la vie internationale et consacrera le statut des États, des individus et des collectivités.

Paul OTLET.

Contraste insuffisant

**NF Z** 43-120-14